El mundo tan cambiante en el que vivimos nos enfrenta a retos económicos, tecnológicos, sociales y personales sin precedentes. Estar a la altura de estos desafíos requiere nuevas prioridades en la educación, o incluso nuevos paradigmas de educación. Este libro nos ayuda a reconsiderar la elaboración de nuestro plan de estudios teniendo en cuenta el contexto sociocultural en el que nos encontramos, y nos reta a establecer prioridades educativas para el cumplimiento de la misión de la iglesia. Las instituciones teológicas y los líderes involucrados en la revisión de sus currículos que han compartido generosamente sus hallazgos con nosotros, nos han ayudado a comprender la importancia de ser sensibles, abiertos, innovadores y de estar dispuestos a trabajar en equipo para lograr los cambios necesarios. Este libro es sin duda una gran herramienta para las instituciones que están decididas a impactar su entorno.

Rev Dr Luke Cheung
Profesor de Estudios Bíblicos,
Vicepresidente, China Graduate Schoool of Theology, Hong Kong

¿Está funcionando? extiende el alcance de las interesantes presentaciones y conversaciones sobre la evaluación de impacto que tuvieron lugar en el congreso de ICETE 2015 en Antalya. Ofrece a las instituciones teológicas un marco de referencia muy útil para evaluar el impacto de sus programas de formación y para implementar un "plan de estudios guiado por la investigación" que logre impactar a la iglesia y a la sociedad. Se expusieron varios ejemplos prácticos para explicar el concepto. Estos ejemplos motivan a los colegios bíblicos a que enfrenten el reto que supone investigar el impacto que tienen sus egresados y a realizar los cambios necesarios a sus planes de estudio basándose en la información recabada. Además, este libro exhorta a los órganos de acreditación a concentrarse principalmente en la evaluación del impacto y de los resultados. Este es un recurso de gran valor para los líderes y educadores que de verdad desean maximizar el impacto de sus programas de formación.

Theresa Roco-Lua, EdD
Secretaria General, Asia Theological Association

Este libro plantea que la educación teológica trae beneficios reales cuando nos atrevemos a peguntar si lo que estamos haciendo funciona. En mi papel como líder de SAIACS y como participante en el proceso de revisión del plan de estudios basado en la investigación que dio pie a la conferencia de ICETE 2015, estoy totalmente de acuerdo. Los testimonios demuestran que cada institución aprendió lecciones específicas y valiosas.

Al principio tenía mis dudas: ¿debe ser *la utilidad* el criterio con que medimos el impacto? ¿Somos nosotros, como seres humanos, *responsables* de lo que se logre para el Reino? ¿Es la acción más importante que la reflexión? En alusión al excelente arículo Marven Oxenham: ¿es acaso "Marta" superior a "María"? A pesar de mis dudas decidí que esta revisión basada en la investigación no tiene porqué verse envuelta en estas polémicas, y que es mucho mejor que hacernos ciegos a la realidad. De hecho, en el caso de SAIACS, descubrimos que tanto los empleadores como los graduados querían un mayor énfasis en el "estilo María" como parte de su formación espiritual.

Este libro alentará a las instituciones de educación teológica a asegurarse de que estén alcanzando sus objetivos. Sin duda impulsó al SAIACS hacia "la excelencia por el bien de la misión."

Dr Ian W. Payne
Exdirector,
South Asia Institute of Advanced Christian Studies (SAIACS),
Bangalore, India

Serie ICETE

¿Está funcionando? Investigación del contexto para mejorar el plan de estudios

ICETE
Global Hub for Evangelical Theological Education

Langham
GLOBAL LIBRARY

¿Está funcionando? Investigación del contexto para mejorar el plan de estudios

Un recurso para escuelas de teología

Editor

Stuart Brooking

ICETE

Global Hub for Evangelical Theological Education

Langham

GLOBAL LIBRARY

Publicado en 2019 por Langham Global Library
Un sello editorial de Langham Publishing
www.langhampublishing.org

Langham Publishing son un ministerio de Langham Partnership

Langham Partnership
PO Box 296, Carlisle, Cumbria CA3 9WZ, UK
www.langham.org

ISBNs:
978-1-78368-596-7 Print
978-1-78368-688-9 ePub
978-1-78368-690-2 PDF

Datos de catalogación en publicación de la Biblioteca Británica
Un registro de catálogo de este libro se encuentra disponible en la Biblioteca Británica

ISBN: 978-1-78368-596-7

Traducido del inglés por Rebeca Sánchez Naffziger
Diseño de cubierta y diagramación: projectluz.com

Índice

Agradecimientos

Agradecemos la generosidad de la persona cuyo donativo hizo posible la producción de este volumen, incluyendo las ediciones en inglés, fancés y español. Comprendió la importancia de todo este proyecto para la misión de la iglesia.

Gracias a Jo Bailey, quien también nos apoyó. Jo corrigió los artículos habilidosamente, y en algunos casos transformó las notas de los expositores —que por razón de tiempo no podían hacerlo— en textos bien escritos. No solo eso, sino que, como amante de Dios y de su misión que es, expresó haber disfrutado de la lectura de los artículos y dijo apreceiar mucho la honestidad de los expositores que luchan con temas tan complicados y que desean agradar a Dios en todo.

Gracias al Dr Perry Shaw quien escribió las preguntas que aparecen al final de cada capítulo y nos alentó a lo largo de todo el proyecto.

Gracias a Marion Brooking, mi esposa, y a la empresa de comunicación Libanesa One-16 que tomó las fotos de la conferencia de ICETE 2015, las cuales aparecen a lo largo del libro.

Gracias al Dr Riad Kassis de ICETE y al liderazgo de Langham Literature bajo cuyo sello se publica este trabajo.

Este libro está dedicado al pueblo de Dios que anhela ver líderes con una buena formación en las Escrituras, preparados para afirmar y desafiar a sus culturas, y para guiar a la iglesia hacía el cumplimiento de su misión de adorar al Dios Trino en el mundo entero.

Rev Dr Stuart Brooking
Editor

Prefacio

¡Comprometido y efectivo!

Desde 1980 los encuentros del Consejo Internacional para la Educación Teológica Evangélica (ICETE, por sus siglas en inglés) han sido el principal foro internacional de reflexión e interacción profesional para educadores de teología evangélica a nivel mundial.

"Cimentado en la Palabra, comprometido con el mundo" fue el lema del congreso internacional de ICETE en 2012 en Nairobi, Kenia. Hay dos temas que surgieron de este lema: aunque estemos cimentados y comprometidos, ¿cómo sabemos que estamos siendo eficaces en lo que hacemos? ¿Es posible medir el impacto que tiene la educación teológica en la iglesia y en el país? Fue con el objetivo de responder de manera crítica a estas dos preguntas fundamentales, que ICETE celebró su congreso trienial en Antalya, Turquía, del 6 al 11 de noviembre de 2015.

Lo distintivo de la conferencia de Antalya se hizo sentir en tres áreas principales. En primer lugar, la conferencia fue, desde su concepción misma, el resultado de casi tres años de esfuerzos colaborativos entre el *Overseas Council* de Australia (OCA), el de Estados Unidos, e ICETE. Segundo, la conferencia no fue tan solo un evento, sino más bien la fase culminante del trabajo de once escuelas de teología que participaron en un proyecto de evaluación de la educación teológica (también conocido como el 'plan de estudios basado en la investigación') durante dos años. La conferencia proveyó a estas escuelas de una plataforma a través de la cual compartir e interactuar con otras instituciones. En tercer lugar, ICETE se había comprometido a trabajar en conjunto con el *Overseas Council* de Australia y Estados Unidos y otros organismos similares para difundir el conocimiento y las herramientas a fin the ayudar a otras instituciones teológicas. El libro que tienes en tus manos pretende cumplir con este objetivo. Agradecemos especialmente al Dr Stuart Brooking, Director Ejecutivo del *Overseas Council Australia*, por su trabajo sin tregua en la edición de este libro, y a Langham Literature por publicarlo.

Mi más sincero deseo y mi oración es que este libro nos ayude a lograr dos objetivos. Primeramente, que los educadores y líderes en teología puedan tener al alcance las herramientas necesarias para identificar cuales son los resultados en los egresados de su institución, en sus ministerios y en la salud de las iglesias y organizaciones en las que sirven. En segundo lugar, que educadores y líderes en teología puedan compartir estas herramientas de evaluación con otras instituciones y que, al compartirlas, puedan crear un vínculo, una red de contactos, y trabajar juntos para la expansión del Reino.

Por último, quisiera terminar con estas palabras que el Dr David Baer compartió al final de la conferencia de Antalya, a modo de resumen para los asistentes: "Ayer en la mañana, mientras tomaba notas, de repente comencé a teclear una sucesión casi lógica de tres elementos:

Humildad... sinceridad... claridad... (repite)

Humildad... sinceridad... claridad... (repite)."

Al aplicar los conceptos y los principios que se presentan en este libro tan valioso, busquemos la guía del Espíritu para poder hacerlo con humildad, sinceridad y claridad.

Rev Dr Riad Kassis,
Director Internacional, International Council for Evangelical Theological
Education (ICETE)

Introducción

"Queremos saber si esto está funcionando"

En mi caso, la idea de este libro comenzó en octubre de 2011 un día que llevé en coche a Elie Haddad, presidente del *Arab Baptist Theological Seminary* (ABTS, Seminario Bautista Árabe de Teología), en su gira organizada por el *Overseas Council Australia* para promover el ABTS. En medio de una conversación casual sobre el seminario y sus aspiraciones, él me preguntó: "Stuart, ¿piensas que el OCA podría estar interesado en el siguiente proyecto que para nosotros es tan importante (aunque no sea fácil de financiar)?"

Prosiguió con su explicación. "Queremos saber si lo que estamos haciendo importa, si nuestro plan de estudios es el indicado para Oriente Medio. Queremos investigar la trayectoria de nuestros egresados, no solo para descubrir las historias de sus logros, sino para averiguar si lo que les hemos enseñado es lo que necesitan saber para realizar su labor; si de verdad estamos teniendo el impacto que deberíamos."

La implicaciones de estas preguntas son enormes. ¿Qué institución estaría satisfecha al descubrir que ha estado perdiendo el tiempo, que no ha tenido ningún impacto real? ¿Qué líder se atrevería a revelarlo si fuera ese el hallazgo del proceso?

Al pensar en las implicaciones de algo así respndí "Eres muy valiente," (*"that is very brave of you,"* la frase de la famosa serie de televisión británica *Yes, Prime Minister*, que se convirtió en el tema de conversación de los siguientes minutos). Después identifiqué otro problema mientras pensaba más a fondo:

"¿Cómo se mide el impacto?" Hay tantas objeciones piadosas que se interponen incluso a la pregunta misma. Dios hace que las semillas del Evangelio crezcan en secreto, y el ser humano no ve lo que el Señor está haciendo. Sería arrogante pretender medirlo; las historias de los éxitos logrados son suficientes.

"Entre el personal del seminario hay una persona, Rupen Das, con décadas de experiencia midiendo el impacto de diferentes proyectos por todo el mundo. Ha trabajado para *World Vision* y muchas organizaciones más. Lo que queremos hacer es adaptar su trabajo y que sirva para el seminario."

Así fue como el concepto de "un plan de estudios/currículo guiado por la investigación" entró a formar parte del léxico evangélico a nivel global. No por primera vez, pero sí de modo tal que pudiera en poco tiempo echar raíces en el ámbito teológico del mundo mayoritario.

OCA en efecto se interesó en el proyecto, y se pudo conseguir un donador para financiarlo por espacio de dos años. El trabajo que hicieron culminó con un panel que analizó no solamente la relevancia de lo que el ABTS había logrado, sino también la posibilidad de hacer uso del mismo método en seminarios en otras partes del mundo.

Así se completó la primera fase del proyecto. La segunda fase comenzó poco después cuando un sub-comité invitó a un grupo limitado de seminarios a que se sometieran al proceso de selección para la siguiente etapa del proceso. Se escogieron a diez de entre ellos, y se llevó acabo una conferencia en el Líbano en febrero de 2014. Con la ayuda de los directores regionales del *Overseas Council* EEUU y otros consultores, el trabajo se extendería ese año y el siguiente. A estos diez seminarios se les pidió que completaran en dieciocho meses el mismo proceso que le había llevado varios años al ABTS. Gracias a Dios, algunos de ellos ya habían comenzado a trabajar con una parte de los conceptos para la revisión de su currículo, pero para la mayoría la investigación del contexto demandaba un mayor esfuerzo.

El objetivo era que, con el apoyo del Dr Riad Kassis y el liderazgo del ICETE, estos once seminarios estuvieran presentes en el encuentro trienal del ICETE en Antalya (Turquía) en noviembre de 2015. El tema de la conferencia sería "la revisión del plan de estudios con base en la investigación," y la mayor parte del material incluido en este libro procede de las presentaciones de Antalya.

Desde entonces el Overseas Council EEUU ha seguido persuadiendo a un grupo cada vez más amplio de seminarios a que asimilen el concepto, realicen la investigación necesaria e implementen los cambios a su currículo basándose en esa investigación.

Espero que este recurso sirva de estímulo a muchas más instituciones teológicas de todo el mundo para que busquen entender su contexto y hacer los cambios necesarios a su plan de estudios. El currículo occidentalizado que encontramos en muchos lugares ha servido a la iglesia en algunos contextos, pero no así en la mayoría. Esta hegemonía necesita ser desplazada para que la pureza de la iglesia pueda asentarse en cada cultura y cosmovisión hasta que la misión de la iglesia llegue a cada contexto de la manera más adecuada.

Espero que las historias de este libro llenen de valentía a otros; no para que imiten los resultados expuestos, sino para que puedan comenzar su propio proceso como insitución teológica.

Espero también que las preguntas al final de cada capítulo les orienten a la reflexión, les confronten y les ayuden pensar de manera crítica de modo que puedan formular su propia estrategia para mejorar su plan de estudios. Así podremos fomentar la pureza de la iglesia y de su misión.

Dr Stuart Brooking,
Director Ejecutivo, Overseas Council Australia

Parte I

Evaluación del contexto

¿Por qué? ¿Qué? ¿Cómo?

Este libro está repleto de sugerencias prácticas, experimentos, informes de investigación e intentos de cambio a los planes de estudio en escuelas de teología. Pero antes de considerar todas estas ideas prácticas es importante fijar los parámetros de lo que es una evaluación desde el texto bíblico mismo y reflexionar acerca de lo que es este concepto. Esta primera sección procura darnos una visión panorámica del alcance del proyecto en términos bíblicos y teóricos.

En la segunda sección se exponen cuatro ejemplos específicos de Latinoamérica, Asia y África que fueron presentados en la conferencia trienal de ICETE en el 2015.

La última sección busca tratar temas relacionados con las dificultades de liderar el cambio. El concepto se examina más a fondo en los tres últimos capítulos para asegurarnos de haber considerado a conciencia lo que implica el proceso. Este libro no pretende proporcionar sugerencias directas e inflexibles de cómo hacer las cosas, sino que más bien busca alentar a cada escuela de teología a que trabaje diligentemente y descubra cuál es el método más indicado para su propio contexto.

Como siempre, la exposición bíblica de parte del Dr Chris Wright en la conferencia trienal de ICETE 2015 fue de gran utilidad. Quién nos hubiera dicho que la primera evaluación de la misión cristiana de la historia estuvo relacionada justamente con la ciudad de Antalya en Turquía, donde se llevó acabo la conferencia. A medida que iba exponiendo la visión bíblica de nuestro tema nos iba haciendo ver, por un lado, la importancia de nuestro cometido y, por otro, sus limitaciones. Los pasajes que estudiamos, tanto del el Antiguo Testamento como del Nuevo, muestran una variedad de metodologías, y así nos alientan y advierten simultáneamente desde un comienzo.

Las instalaciones, la biblioteca, los ingresos y los estudiantes representan los "cuatro factores" de la evaluación en el pasado, pero cada vez estamos más conscientes de la necesidad de evaluar adecuadamente el trabajo de los seminarios teológicos. El Dr Scott Cunningham nos presenta el concepto del "modelo lógico" y nos explica el panorama para ayudarnos a entender los conceptos clave del resultado y del impacto. Esto permitirá que la evaluación trascienda lo que son meramente contenidos y actividades de la institución teológica para preguntarnos si en verdad está generando un cambio.

La contribución de Rupen Das, del Seminario Bautista Árabe de Teología, que fue decisivo para el comienzo de este proyecto, profundiza en el tercer capítulo en algunos de los detalles de lo expuesto por el Dr Cunningham.

El Dr Ashish Chrispal, en su papel de Director Regional de Asia con el *Overseas Council,* trabajó con varios colegios de teología involucrados en este proceso. En el cuarto capítulo él nos hace ver de manera positiva la evaluación —si tiene un marco de referencia adecuado— y sus beneficios para la institución teológica.

1

Efectividad e impacto en la educación teológica desde la perspectiva bíblica

Christopher Wright
Director Internacional, Langham Partnership, RU

"Encomienda tus obras al Señor, y tus propósitos se afianzarán."
¡Amén! Pero, ¿basta con eso?

L a sabiduría del sabio en este versículo de Proverbios es, como de costumbre, exquisitamente sencilla y directa. "Planifica, ora, haz tu parte, y Dios se ocupará del resto." Mientras te esfuerces, y ores por ello, Dios se hará cargo de que los resultados sean "afianzados."

Nos gusta pensar que todo saldrá bien cuando hemos invertido mucho tiempo, preparación, oración y recursos —tanto materiales, como humanos— en el gran proyecto de la educación teológica (ET). Y es que esta suposición tiene parte de verdad. Después de todo, el versículo anterior asume varias cosas que podemos aplicar tanto a la ET como a cualquier otro aspecto de nuestra vida y trabajo como creyentes.

El versículo asume:
- que todo nuestro trabajo y nuestros planes deberían ser para Dios, y encomendados a él;
- que Dios está interesado en cada detalle de lo que hacemos (o decimos hacer) para él:

- que a Dios le importan los efectos y los *resultados* de nuestros planes y actividades, y desea que estos sean "afianzados."

Pero, como todo en la vida, nuestras suposiciones y nuestras oraciones no siempre producen los resultados que anhelábamos. ¿Estamos en lo correcto al preocuparnos por los resultados y buscar maneras de medir nuestra efectividad? ¿o son tales preocupaciones 'antibíblicas' o 'antiespirituales'?

Estoy muy consciente de que algunos habrán llegado a esta conferencia sintiendo ya una de *dos reacciones predecibles* con respecto a su lema y al programa a cubrir en los próximos días.

Por un lado, habrán algunos de entre nosotros que reciban *con entusiasmo* la idea de medir nuestra efectividad e impacto en la ET. Quizás piensen, "por fin podremos, no solamente motivarnos los unos a los otros a trabajar en la ET, sino averiguar si lo que hemos estado haciendo (a lo largo de varias generaciones) en realidad está influyendo de una manera tangible y real en la iglesia y en el mundo." Tal vez ansíen recibir el consejo y las herramientas necesarias para llevar acabo esta actividad. Tal vez quieran ver los resultados de las encuestas, las estadísticas, los porcentajes, las gráficas y la evidencia comprobable de lo que la ET está (o no) logrando al servicio de la misión de Dios, por medio de su iglesia, en este su mundo. Apreciarán lo valioso de la información y su interpretación, por supuesto, pero además estarán muy conscientes de su gran utilidad a la hora de escribir propuestas para recaudar fondos o de escribir informes anuales....

Por otro lado, habrán entre nosotros aquellos que ven este programa *con sospecha* y recelo. Tal vez piensen que esa obsesión con lo que se puede medir, con resultados cuantificables, estadísticas etc., surge a raíz del auge de las ciencias sociales en el Occidente de la era moderna, y que funciona desde una perspectiva de la realidad —una que piensa que solo lo que se puede contar importa y que todo debe ser comprobado empíricamente— que es opuesta a la fe cristiana en la soberanía y providencia de Dios. Piensan que deberíamos seguir trabajando con diligencia en aquello que sabemos que Dios nos llama a hacer, y no distraernos midiendo los resultados. Que es algo que le compete a Dios, y solo el paso del tiempo revelará lo que en verdad se logró.

Espero que esta breve presentación al comenzar, confronte y al mismo tiempo mitigue nuestras preocupaciones sea cual sea nuestro punto de vista, y que la luz de la Palabra sea la que ilumine nuestra labor.

Son cuatro los asuntos de reflexión que propongo al respecto.

- Primeramente, la Biblia misma nos dice que los resultados importan, y por lo tanto hacemos bien en considerar qué resultará de nuestras acciones e intenciones.
- En segundo lugar, la ET es de por sí una actividad dedicada a sus efectos, con *intenciones* específicas. Debemos preguntarnos si lo que pretendemos lograr está en sintonía o no con lo que la Palabra nos muestra acerca de los propósitos de la enseñanza para el pueblo de Dios.
- En tercer lugar, consideraremos si la Biblia respalda la *planificación* para lograr la efectividad y el impacto; y si es así, ¿qué deberíamos planear si queremos ser efectivos?
- Y, finalmente, consideraremos la cuestión —algo más ambigua— de si en efecto es posible *constatar* la eficacia y el impacto (o si incluso tiene sentido intentarlo).

1. Los resultados importan (según la Biblia)

En la Biblia hay mucho acerca de 'los desenlaces' o 'los fines' — los resultados y las consecuencias de las acciones de las personas— ya sea en forma de promesas, de amenazas, o simplemente llevando un registro de ellos.

- A Adán y Eva se les dijo: "...pero del árbol del conocimiento del bien y del mal no deberás comer. El día que de él comas, ciertamente morirás."
- El recurrente 'si' condicional de parte de Dios que comunica el contexto de sus propósitos para Israel, y que vemos ejemplificado en Éxodo 19:4-6: "Si ahora ustedes me son del todo obedientes, y cumplen mi pacto..."
- El futuro que depende de las decisiones del presente. En Deuteronomio las opciones que enfrenta el pueblo Israel son claramente contrastantes. Capítulos del 28-30, "Hoy te doy a elegir..." Vida o muerte, el bien o el mal.
- Toda la narrativa de la historia de Israel en el Antiguo Testamento está enfocada en términos de las consecuencias de sus decisiones; algunas buenas (Abraham, Moisés, etc.), y otras malas.

- El ministerio de los profetas podría verse, en resumen, como el trabajo de exhortar al pueblo a tomar buenas decisiones para evitar así las malas consecuencias resultantes de las malas decisiones (i.e. advertencias y predicciones acerca de los efectos futuros de una acción, con la intención de generar un cambio en el presente para obtener un resultado distinto).

Pero, ¿qué es lo que peligra si el pueblo de Israel no toma una 'buena decisión'?

Respuesta: La misión de Dios para beneficio de las todas las naciones.

La perspectiva de Dios es a largo plazo, incluye a toda la creación, y los resultados de su gran proyecto de redención y bendición son globales. El Señor llama a su pueblo a participar en un proyecto enfocado hacia ciertos objetivos. Por lo tanto, mucho depende de si ellos cumplen su papel en esta historia y mantienen sus objetivos en mente o no.

En consecuencia, la vida del pueblo de Dios en general (si es que tenemos la correcta perspectiva de nuestra participación en la misión) y en particular nuestro trabajo en la educación teológica (si lo entendemos acertadamente como parte intrínseca e intencional de nuestra participación en la misión) deberían tener una orientación hacia los resultados, ya que todo lo que hacemos forma parte de la gran narrativa bíblica y sus objetivos.

Los resultados de lo que hacemos —en la ET o en cualquier otro ámbito— facilitarán u obstaculizarán, contribuirán o socavarán ese propósito misional de nuestro existir como pueblo de Dios.

Por lo tanto, constatamos que los resultados en efecto importan, y que debemos interesarnos en este aspecto.

Sin embargo, debemos también tener en cuenta que la Biblia nos ofrece ciertos ejemplos en los que la preocupación por los resultados surgió de razones equivocadas.

El temor a resultados contrarios a intereses propios puede conducir a la desobediencia (ej. los israelitas en Cades-barnea; Jonás; la parábola de los talentos). O puede llevar a la apatía y la inacción (Ec.11:4).

El deseo obsesivo de alcanzar ciertos resultados (ej. enriquecimiento individual, éxito o estabilidad) puede dar paso a mentiras, engaño y la pérdida de la integridad (ej. la caída del ser humano; las mentiras de Abraham sobre

Saray; los gabaonitas; el amalecita que dijo haber matado a Saúl; Guiezi; los falsos profetas; Ananías y Safira)

Como ya se expuso en Ciudad del Cabo: la idolatría del éxito (también dentro del ministerio cristiano) puede llevar a la falta de integridad en la presentación de las estadísticas, o en la manipulación y falsificación de las mismas.

No podemos construir el reino del Dios de la verdad sobre fundamentos de deshonestidad. Sin embargo, en nuestro anhelo de 'éxito' y 'resultados' nos vemos tentados a sacrificar nuestra integridad con afirmaciones distorsionadas o exageradas que equivalen a mentiras. En cambio, andar en la luz "consiste en […] justicia y verdad."[1]

Llamamos a todos los líderes de la iglesia y de misiones a resistir la tentación de no ser plenamente veraces al presentar nuestro trabajo. Somos deshonestos cuando exageramos nuestros informes con estadísticas sin respaldo o torcemos la verdad para obtener algo. Oramos por una ola purificadora de honestidad que ponga fin a esta distorsión, manipulación y exageración. Llamamos a todos los que apoyan económicamente el trabajo espiritual a no hacer demandas poco realistas de resultados medibles y visibles, más allá de la necesidad de una rendición de cuentas adecuada. Luchemos por una cultura de plena integridad y transparencia. Escogeremos andar en la luz y la verdad de Dios, porque el Señor escudriña los corazones y le agrada la rectitud. [2] (Compromiso de Ciudad del Cabo IIE.4)[3]

No obstante, dejando a un lado por un momento la obsesión errónea y pecaminosa con los resultados, y enfocándonos en la preocupación legítima de prestar la debida atención a los resultados de nuestros esfuerzos genuinos para la expansión del reino, ¿qué podemos decir con respecto a los resultados de la educación teológica a la luz de la Palabra?

---

1. Ef 5:10.

2. 1 Cr 29:17.

3. El movimiento de Lausana, "El compromiso de Ciudad del Cabo" (2011), https://www.lausanne.org/es/contenido/compromiso-de-ciudad-del-cabo/compromiso.

2. Los resultados de la educación teológica (de acuerdo a la Biblia)

Creo que es correcto considerar a la ET, tal como la conocemos hoy día (en sus diversas modalidades que consideraremos esta semana: formal, informal, etc.), como una dimensión de la categoría bíblica de *la enseñanza* según se fue desarrollando en la historia post-apostólica de la iglesia.

¿Cuál es el propósito primordial de la educación teológica? ¿Qué es lo que estamos tratando de hacer?

Para obtener respuestas bíblicas a esa pregunta debemos primero responder otras interrogantes:

¿A quién beneficia la ET? Respuesta bíblica: a la Iglesia. Existe para servir en el quehacer diario, el crecimiento y la misión del pueblo de Dios, tanto en la preparación de sus líderes y pastores, como en la transformación de *todos* los creyentes "mediante la renovación de su mente" (Rom 12:2), para que tengan la mente del Espíritu.

Pero, ¿cuál es la razón de ser de la Iglesia? Respuesta bíblica: en 'este siglo' existe con el propósito de participar en la misión de Dios en el mundo. De modo que *la ET debe servir a la iglesia en su misión.*

El Compromiso de Ciudad del Cabo (CCC) lo expresa así: "La misión de la Iglesia en la tierra es servir a la misión de Dios, y la misión de la educación teológica es fortalecer y acompañar la misión de la Iglesia." (CCC IIF.4)

Básicamente, existe una relación causa-efecto. Queremos ver

- a la ET fortaleciendo a la iglesia,
- para que la iglesia, en sujeción a Dios, impacte y cambie el mundo.

Esta dinámica sitúa a la ET en medio de la batalla espiritual que libra la misión de Dios.

La ET es, por lo tanto, una actividad *cargada de propósito* (¡no podría ser de otro modo cuando consideramos lo que demanda!). Invertimos en ella porque creemos que tiene el poder de lograr resultados que consideramos deseables e importantes para la vida y la salud de la Iglesia.

Si buscamos en la Biblia no encontraremos la ET formal como tal, pero sí un énfasis sorprendente en *la enseñanza.* La Biblia afirma desde muy temprano en su narrativa, y repetidamente en ambos Testamentos, que el pueblo de Dios necesita instrucción y maestros, y que si sus maestros resultaran falsos, infieles o ausentes el pueblo sería vulnerable y se vería en peligro.

¿Cuáles son entonces *los resultados que se esperan* de una enseñanza fiel y eficaz de acuerdo a la Palabra?

Yo propongo tres puntos centrales, cada uno de ellos relacionado con un personaje bíblico distinto a quien, o bien le fue confiada la tarea de enseñar, o bien él se la encomendó a otros. Estos son tres resultados bíblicos de la enseñanza:

a) La misión en un mundo de muchas naciones: El resultado abrahámico

Es un hecho que Abraham se convertirá en una nación grande y poderosa, y en él serán bendecidas todas las naciones de la tierra. Yo lo he elegido para que instruya a sus hijos y a su familia, a fin de que se mantengan en el camino del Señor y pongan en práctica lo que es justo y recto. Así el Señor cumplirá lo que le ha prometido. (Gen 18:18-19)

En un mundo que seguía el camino de Sodoma y Gomorra (18:20-21; 19; etc.), Dios quería una comunidad que fuera diferente, no solo en términos religiosos, sino también moralmente y en su práctica social (comprometidos con la justicia y viviendo en rectitud). Esa es la razón por la cual Dios escogió y llamó a Abraham (v.19).

Pero, ¿por qué quería Dios una comunidad así, escogida en Abraham e instruida por él? Para cumplir con la promesa que Dios le hizo a Abraham: que a través de él y sus descendientes todas las naciones de la tierra serían bendecidas (aquí el v.19 hace eco de Gen 12:3).

Vemos aquí el contexto universal y misional del cometido de la enseñanza, y, crucialmente, Abraham recibe esta instrucción en Génesis, mucho antes de que le fuera dada la ley al pueblo de Israel en el Éxodo. Sin embargo, el contenido ético de la ley ("lo que es justo y recto") se anticipa ya en el tipo de enseñanza que Abraham debía impartir a su descendencia. Este factor demuestra que la enseñanza (y por lo tanto la ET) no es meramente la impartición de un conocimiento teórico, sino la formación del carácter y de actitudes. La expresión "andar en los caminos del Señor" aparece con frecuencia en la Torá, en los profetas, en los salmos y en la literatura sapiencial.

El propósito ético de la enseñanza del pueblo de Dios en el Antiguo Testamento está subordinado en primer lugar al propósito misional comprendido en la existencia misma del pueblo de Israel.

En medio de las demás naciones, Israel debe *ser instruido* para conducirse en todo como pueblo redimido de Dios —siendo su finalidad el bien de otros pueblos— y como parte de la misión de Dios a las naciones.

La ET es intrínsecamente misional y por lo tanto debería ser intencionalmente misional.

b) Monoteísmo en un mundo con muchos dioses: El resultado mosaico

En Deuteronomio encontramos un énfasis importante en la enseñanza. La palabra de Dios, en su sentido más amplio —el conocimiento de los prodigios de Dios en la historia junto con la asimilación de su ley— debe ser impartida a su pueblo, a todo el pueblo, y a cada generación.

El mismo Moisés instruye al pueblo repetidamente acerca de las demandas del Dios del pacto, las cuales los levitas debían seguir (Deut 33:10). El contenido principal de su enseñanza era que YHWH, el Dios de Israel, es uno solo, el único Señor y Dios del universo, no hay otro además de él. Por eso el primer y más importante de los mandamientos, según Jesús, es el de amar a ese único Señor y Dios con la totalidad de nuestro ser, con todo el corazón, alma y fuerzas. Ese mandamiento está seguido inmediatamente del requisito de la enseñanza, que debe influir en el ámbito personal (manos y frente), en el ámbito familiar (los postes de tu casa) y en el área pública (los portones de las ciudades).

> Escucha, Israel: El Señor nuestro Dios es el único Señor. Ama al Señor tu Dios con todo tu corazón y con toda tu alma y con todas tus fuerzas. Grábate en el corazón estas palabras que hoy te mando. Incúlcaselas continuamente a tus hijos. Háblales de ellas cuando estés en tu casa y cuando vayas por el camino, cuando te acuestes y cuando te levantes. Átalas a tus manos como un signo; llévalas en tu frente como una marca; Escríbelas en los postes de tu casa y en los portones de tus ciudades. (Deut 6:4–9)

Esta enseñanza era necesaria por la cultura politeísta del entorno. El monoteísmo en su sentido bíblico más adecuado (i.e. no tan solo la convicción de la singularidad de Dios en términos aritméticos, sino también el reconocimiento de la universalidad y trascendencia de YHWH, el Dios de Israel) no se trataba de una fe fácil de inculcar o de mantener (como demuestra el resto del Antiguo Testamento). Pero al ser esta la *verdad* primordial, la *obligación* primordial y la *bendición* primordial (la de conocer, amar y adorar al único y verdadero Dios creador y redentor), cualquier cosa que pusiera en riesgo su centralidad debía ser resistido sin importar el costo (que en efecto fue muy elevado para muchos de los profetas).

Todo el capítulo 4 del libro de Deuteronomio es una exhortación a evitar la idolatría, y el énfasis en la enseñanza dentro del texto es muy marcado:

Miren, *yo les he enseñado* los preceptos y las normas que me ordenó el Señor mi Dios, para que ustedes los pongan en práctica en la tierra de la que ahora van a tomar posesión. Obedézcanlos y pónganlos en práctica; así demostrarán su sabiduría e inteligencia ante las naciones. Ellas oirán todos estos preceptos, y dirán: "En verdad, este es un pueblo sabio e inteligente; ¡esta es una gran nación!" ¿Qué otra nación hay tan grande como la nuestra? ¿Qué nación tiene dioses tan cerca de ella como lo está de nosotros el Señor nuestro Dios cada vez que lo invocamos? ¿Y qué nación hay tan grande que tenga normas y preceptos tan justos, como toda esta ley que hoy les expongo?

¡Pero tengan cuidado! Presten atención y no olviden las cosas que han visto sus ojos, ni las aparten de su corazón mientras vivan. Cuéntenselas a sus hijos y a sus nietos. El día que ustedes estuvieron ante el Señor su Dios en Horeb, él me dijo: "Convoca al pueblo para que se presente ante mí y oiga mis palabras, para que aprenda a temerme todo el tiempo que viva en la tierra, y para que *enseñe esto mismo a sus hijos.*" Ustedes se acercaron al pie de la montaña, y allí permanecieron, mientras la montaña ardía en llamas que llegaban hasta el cielo mismo, entre negros nubarrones y densa oscuridad. Entonces el Señor les habló desde el fuego, Y ustedes oyeron el sonido de las palabras, pero no vieron forma alguna; solo se oía una voz. El Señor les dio a conocer su pacto, los diez mandamientos, los cuales escribió en dos tablas de piedra y les ordenó que los pusieran en práctica. En aquel tiempo *el Señor me ordenó que les enseñar*a los preceptos y las normas que ustedes deberán poner en práctica en la tierra que van a poseer al cruzar el Jordán.

El día que el Señor les habló en Horeb, en medio del fuego, ustedes no vieron ninguna figura. Por lo tanto, tengan mucho cuidado de no corromperse haciendo ídolos o figuras ...

A ti se te ha mostrado todo esto para que sepas que el Señor es Dios, y que no hay otro fuera de él...

Reconoce y considera seriamente hoy que el Señor es Dios arriba en el cielo y abajo en la tierra, y que no hay otro. Obedece sus preceptos y normas que hoy te mando cumplir. De este modo a ti y a tus descendientes les irá bien, y permanecerán mucho tiempo en la tierra que el Señor su Dios les da para siempre. (Deut 4:5–16, 35, 39–40; el énfasis es mío)

Para mantenerse fiel a su misión entre las naciones, el pueblo de Israel debería atesorar el conocimiento de YHWH y adorarle solamente a él. Por este motivo la enseñanza acerca de todo lo que Dios había hecho y dicho debía pasar de generación a generación. Sin duda este deberíaa ser también el objetivo final y el contenido medular de la ET hoy día.

c) *La madurez en un mundo lleno de mentiras:* *El resultado paulino*

Cuando hablamos del crecimiento de la iglesia normalmente nos referimos al crecimiento numérico por medio de logros evangelísticos y de plantación de iglesias. Pero si le preguntáramos al apóstol Pablo si sus iglesias estaban creciendo creo que no habría interpretado la pregunta de ese modo. Para Pablo, el crecimiento en términos evangelísticos no era otra cosa que la expansión del Evangelio mismo. Por eso es que escribía: "*Este evangelio está dando fruto y creciendo* en todo el mundo, como también ha sucedido entre ustedes desde el día en que supieron de la gracia de Dios y la comprendieron plenamente" (Col 1:6).

El tipo de crecimiento por el que Pablo oraba era el crecimiento en términos de madurez. Ésta es la manera en la que el apóstol describe ese tipo de crecimiento cualitativo de la iglesia: "Por eso, desde el día en que lo supimos, no hemos dejado de orar por ustedes. Pedimos que Dios les haga conocer plenamente su voluntad con toda sabiduría y comprensión espiritual, para que vivan de manera digna del Señor, agradándole en todo. Esto implica dar fruto en toda buena obra, crecer en el conocimiento de Dios y ser fortalecidos en todo sentido con su glorioso poder. Así perseverarán con paciencia en toda situación" (Col. 1:9-11) El deseo de Pablo es que los creyentes en Colosas conozcan la historia de Dios (la voluntad y el propósito de Dios), que vivan de acuerdo a sus preceptos, y que puedan comprobar su poder. Para Pablo, el crecimiento en términos de madurez tenía dos indicadores: (1) el nivel de conocimiento y comprensión de la fe, (2) la probidad de una ética en la vida del creyente que concuerda con el evangelio y agrada a Dios, y (3) la perseverancia en medio del sufrimiento y la persecución.

Pero, ¿cómo se logra esa madurez cristiana? A través de la sana doctrina (o enseñanza) por parte de aquellos que el Señor Jesucristo ha capacitado para beneficio de su Iglesia. Podemos constatar que es así por las múltiples ocasiones en las que el apóstol Pablo insta a Timoteo y a Tito a que se ocupen en la enseñanza, a que sean maestros de maestros y maestros de la congregación. Todo con el objetivo de oponerse a las falsas doctrinas y prácticas erróneas de diversa índole. Entonces como ahora, los creyentes estaban rodeados de cosmovisiones que competían entre sí y de seductoras alternativas a la fe verdadera. También entonces como ahora, la sana enseñanza asentada en las Escrituras era el remedio y la salvaguarda apostólica. En Efesios tenemos una explicación más concisa con respecto a este tema. Dice que el ministerio de la enseñanza dentro de la iglesia (que incluye la ET) es un don recibido de Cristo; que no es un fin en sí mismo (la tentación del estudio académico siendo una de las seducciones idolátricas), sino una manera de alcanzar un objetivo: la capacitación del pueblo de Dios para alcanzar la madurez espiritual y para ser eficaz en su misión:

Él mismo constituyó a unos, apóstoles; a otros, profetas; a
otros, evangelistas; y a otros, pastores y maestros, a fin de capacitar

al pueblo de Dios para la obra de servicio, para edificar el cuerpo de Cristo. De este modo, todos llegaremos a la unidad de la fe y del conocimiento del Hijo de Dios, a una humanidad perfecta que se conforme a la plena estatura de Cristo.

Así ya no seremos niños, zarandeados por las olas y llevados de aquí para allá por todo viento de enseñanza y por la astucia y los artificios de quienes emplean artimañas engañosas. Más bien, al vivir la verdad con amor, creceremos hasta ser en todo como aquel que es la cabeza, es decir, Cristo. Por su acción todo el cuerpo crece y se edifica en amor, sostenido y ajustado por todos los ligamentos, según la actividad propia de cada miembro. (Ef 4:11-16)

En resumen —aunque se podría añadir más sobre los resultados bíblicos de la enseñanza— Dios ha dispuesto que haya maestros y que haya enseñanza entre el pueblo de Dios:

1. Para que sea una comunidad preparada para colaborar en la misión de Dios de bendecir a las naciones;

2. Para que se mantenga fiel al único Dios verdadero revelado en la Biblia (el Dios YHWH de Israel en el Antiguo Testamento encarnado en Jesús de Nazaret en el Nuevo Testamento) y pueda resistir la idolatría del entorno cultural que le rodea;

3. Y para que crezcan en la madurez del conocimiento, la obediencia y la perseverancia de la fe.

La pregunta que debemos hacernos en este momento es la siguiente: ¿Qué tipo de egresados debemos producir si queremos demostrar que nuestra ET está siendo efectiva y está alcanzando los objetivos bíblicos, i.e. los propósitos por lo cuales Dios estableció y proveyó el ministerio de la enseñanza para su pueblo?

Debemos sin duda encontrar entre nuestros egresados hombres y mujeres que desempeñan su ministerio demostrando

- *su compromiso con la misión* (en sus varias dimensiones bíblicas): entusiasmados por colaborar con Dios en su misión y por guiar a las comunidades a las que sirven en la misión que le ha sido encomendada a la Iglesia.

- *su fidelidad al monoteísmo bíblico*: única y totalmente entregados al Dios de la Biblia, y capaces de discernir y resistir a los falsos dioses que nos rodean. Esto incluye no solamente la capacidad de entender y defender la unicidad de Cristo en contextos de pluralidad religiosa (y estar dispuesto a pagar un alto precio por ello si fuere necesario), sino también la de discernir las sutiles idolatrías que cada cultura esconde (ej. consumismo, etnocentrismo, etc.).

- *su evidente madurez* en su entendimiento, ética y perseverancia: capaz de hacer lo que Pablo insta a Timoteo y a Tito que hagan; hombres y mujeres que guardan celosamente sus vidas y su doctrina, y que edifican a otros hacia la madurez por medio del ejemplo cristiano y la enseñanza fiel de la Palabra.

Por lo tanto, lo primro que debemos hacer es preguntarnos si en efecto son estos los *objetivos* que tenemos en mente al diseñar nuestro plan de estudios y nuestros programas, o al dirigir nuestras clases y talleres. ¿Es nuestra meta la de producir individuos *centrados en la misión* (según la Biblia), verdaderamente *monoteístas* (según la Biblia), además de *maduros* (también de acuerdo con la definición que nos da la Escritura de tales conceptos)? En segundo lugar, ¿de verdad estamos siendo eficaces en la producción de egresados con este perfil? Y, ¿cómo podemos descubrir si en efecto lo estamos logrando o no?

Si esta conferencia nos puede ayudar al menos a enfrentar estas preguntas, y a trabajar conjuntamente en la búsqueda de métodos adecuados para responderlas, habrá sido ya de gran ayuda en este recorrido que claramente nos marca la Palabra.

3. Planificación para la efectividad y el impacto

Después de haber establecido que, desde la perspectiva bíblica, los resultados sí importan para el Señor, y que los resultados de la enseñanza/ET entre del pueblo de Dios son los que ya hemos visto; nos preguntamos ahora si encontramos también argumentos bíblicos para la *planeación* con el objetivo de alcanzar los resultados, el impacto y la efectividad que se alinian con los propósitos de Dios para la Iglesia y para el mundo.

Creo que esta pregunta se puede contestar rápidamente y de manera afirmativa con bastantes ejemplos bíblicos que ilustran claramente que así es.

- Moisés era, claramente, un planificador, aunque no siempre por iniciativa propia: en ocasiones su suegro y el Espíritu tuvieron que instarle a serlo (Ex 18; Num 11).
- Josafat, en su anhelo de reformar la nación, planeó meticulosamente y notificó a los responsables de llevar acabo las reformas. (2 Cr. 19).
- Nehemías planeó, proveyó, preparó y protegió su gran proyecto.
- Esdras elaboró un excelente plan para lo que sería el primer programa de traducción de la Biblia con educación teológica a distancia (Ne. 8).
- La literatura sapiencial aboga por la prudencia y la planificación, aunque dentro de un marco de confianza en la providencia y la soberanía de Dios.
- Si Jesús sabía que el objetivo final de su encarnación, muerte y resurrección como Mesías de Israel sería una misión que alcanzaría a todas las naciones, en cumplimiento de lo que estaba escrito — lo cual Lucas 25 parece demostrar— entonces su ministerio de tres años de duración podría verse como un detallado proceso de planeación y de formación para aquellos a quienes encomendaría la primera fase de la misión.
- El apóstol Pablo tenía sus planes (aunque sabía que el Espíritu de Jesús a veces ejercía su prerrogativa como en el caso de la visión del "hombre de macedonia" y del encuentro nada azaroso con una mujer de negocios judía a la orilla de un río temprano por la manñana un día de reposo). La ilustración más clara del hábito de planeación de Pablo se encuentra en Romanos 15, cuando expresa su sentir de que había concluido la misión en el Mediterráneo oriental y menciona sus planes de visitar España pasando primero por Roma. Qué ironía el no saber si Pablo alcanzó a cumplir ese plan, pero si no lo hubiera planeado no tendríamos hoy su carta a los Romanos. Sus otras epístolas se las debemos a misiones de plantación de iglesias que ya había logrado. Y su epístola más importante se la debemos a una misión que *planeó* emprender pero que nunca logró.
- También se puede detectar una clara intencionalidad en los planes expresados en sus instrucciones a Timoteo en Éfeso y a Tito en Creta.

¿Debemos nosotros planificar también? Sí. La Biblia nos motiva a planificar con el objetivo de lograr la eficacia y el impacto.

No obstante, ¿cuáles son exactamente los elementos de la ET como tal que debemos planear y que producirán los efectos descritos con anterioridad (i.e. hombres y mujeres fieles a la misión bíblica, al monoteísmo, y maduros en la fe)? Sin duda estudiaremos esta semana muchas propuestas beneficiosas e importantes que nos harán más efectivos a la hora de alcanzar estas metas. Pero, en mi opinión, la estrategia principal que hará posible que produzcamos egresados con ese perfil es la de volver a colocar la Biblia en el centro de la ET, como si fuera su corazón y la ET el organismo con todas sus partes: brazos y piernas, ríos, ramas (sin miedo a mezclar metáforas).

Ya en otros encuentros de ICETE me han escuchado exhortarles a realizar esta *reorientación y reintegración de todo lo que comprende la ET y a ajustarlos a parámetros bíblicos y misionales,* incluyendo también un proceso de revisión radical de nuestros planes de estudio a todos los niveles.

El Compromiso de Ciudad del Cabo nos exhorta justamente a esto de manera enfática en dos ocasiones:

> Anhelamos ver que una renovada convicción se apodere de toda
> la Iglesia de Dios con respecto a la necesidad fundamental de

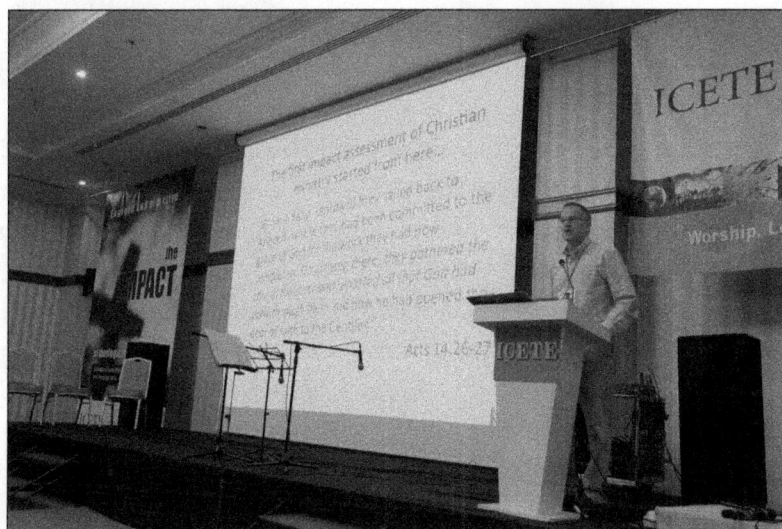

Dr Chris Wright

la enseñanza de la Biblia para el crecimiento de la Iglesia en el ministerio, la unidad y la madurez. (CCC IID.1.d.1)

Anhelamos que todos los plantadores de iglesias y educadores teológicos coloquen la Biblia en el centro de su trabajo conjunto, no sólo en las afirmaciones doctrinales, sino en la práctica. Los evangelistas deben usar la Biblia como la fuente suprema del contenido y la autoridad de su mensaje. Los educadores teológicos deben volver a centrarse en el estudio de la Biblia como la disciplina medular de la teología cristiana, integrando y permeando todos los demás campos de estudio y aplicación. Por sobre todo, la educación teológica debe servir para equipar a los pastores-maestros en su responsabilidad primaria de predicar y enseñar la Biblia. (CCC IIF.4.d)

Por lo tanto,

- Si queremos que los líderes de la Iglesia en cada generación se caractericen por esa pasión por la misión de Dios tal y como está revelada en la Biblia, y que dirijan a los suyos a participar con Dios en ella de diversas formas y de manera efectiva para su contexto;

- Si queremos verles imitar a los profetas y a los apóstoles en la proclamacióm y defensa de la revelación bíblica del único Dios verdadero, y de su Hijo Jesucristo como único salvador y Señor, y siendo capaces de discernir y rechazar las idolatrías que seducen a su gente;

- Si queremos verles demostrar en su vida y carácter esa madurez de la que habla la Biblia, que se manifiesta en un estilo de liderazgo que imita a Cristo y en la eficacia de la enseñanza que imparten y en su predicación;

- Entonces, *no hay estrategia más indicada para alcanzar estas metas que la de reconocer que la Biblia debe ser "lo principal," y que debe serlo para todo efecto práctico; que debemos tener un plan de estudios bien cohesionado que introdu el razonamiento bíblico, preguntas bíblicas, criterios bíblicos y la gran narrativa bíblica en cada disciplina, incluyendo al área de Estudios Bíblicos.*

Si queremos resultados más bíblicos, debemos introducir más contenidos bíblicos.

Esto se traduce, por ejemplo, en que los maestros de *teología sistemática* demuestren cómo la 'gran casa' de la teología cristiana busca incluir todas las implicaciones de cada parte de la revelación de Dios contenida en la Biblia.

Significa, también, que la *historia de la Iglesia* debe verse como el desarrollo de la misión de Dios en lo que sería el 'Acto V' de la narrativa bíblica; y que debe valorarse en términos de su fidelidad a las instucciones ya dadas a la Iglesia en los 'Actos I-IV,' aún a la expectativa del 'Acto VI.'

Al estudiar *ética*, debemos ayudar a los estudiantes, a ir más allá de la comparación entre los varios sistemas (ya sean fundamentalmente teológicos, filosóficos o éticos) y analizar cada tema ético a la luz de cada parte de la historia bíblica; a la luz de las implicaciones de los grandes eventos y verdades que encontramos en los seis 'actos' de la historia.

A menudo nos vemos tentados de incrementar el número de *asignaturas adicionales* para tratar algún tema de actualidad. Surge algo nuevo, se convierte en 'el tema del momento' y nos sentimos obligados a añadir otra asignatura más a un plan de estudios que ya está saturado (con frecuencia desplazando las asignaturas bíblicas). Pero, por supuesto, para cuando se gradúan los estudiantes y salen del seminario, el nuevo 'tema del momento' ya es otro, y entonces no saben qué decir porque no tomaron un curso sobre ese tema en el seminario: dejan de ser eficaces y pierden su relevancia y capacidad de impacto. Por el contrario, lo que tenemos que hacer es enseñar a las personas a *pensar en términos bíblicos* acerca de cualquier tema que surja. Para esto necesitan haber aprendido a analizar cualquier cuestión a la luz de los temas centrales de la narrativa bíblica y a 'escuchar las voces' principales del canon bíblico. Es probable que la Biblia no tenga una respuesta directa (con capítulo y versículo) al nuevo problema, pero ser capaces de esclarecer el tema metódicamente a la luz de la revelación bíblica, tomando en cuenta todo el canon, nos ayudará a ofrecer una respuesta que pueda considerarse 'bíblica.'

Me encantaría que este tipo de estrategia —que toma en cuenta toda la Escritura— caracterizara a toda la enseñanza teológica en todas sus disciplinas. Juntos debemos aprender a leer la Biblia como un todo y a fundamentar nuestra teología y nuestro quehacer práctico en la totalidad del "consejo de Dios."

Necesitamos ayudar a los estudiantes a entender que la Biblia no es tan solo *el objeto* de su estudio —un elemento más en la lista de 'asignaturas' donde figura como 'Estudios Bíblicos'— sino *la esencia* de su pensamiento con respecto a todo. Con ello quiero decir, que la Biblia no es simplemente algo sobre lo cual reflexionamos, sino algo de lo que hacemos uso para reflexionar. La Biblia informa y dirige nuestra manera de pensar acerca de todo lo demás, ya sea en el aula o en todas las áreas de nuestra vida en este mundo. La Biblia es esa lente a través de la cual vemos y evaluamos todo lo demás en la vida, incluyendo todo aquello que aprendemos en el seminario.

Por consiguiente —y para serles francos— cuando la educación teológica descuida o relega la enseñanza de la Biblia, o la empuja a los márgenes de un plan de estudios que está lleno de otro tipo de asignaturas; entonces la ET se convierte, en algo antibíblico, en un acto de desobediencia al claro mandato que se enseña y se ejemplifica en la Escritura. La educación teológica que no produce hombres y mujeres que conozcan detalladamente la Biblia, que sepan cómo enseñar y predicar la Palabra, que sean capaces de pensar en términos bíblicos acerca de cualquier tema que enfrenten, y que puedan alimentar y edificar al pueblo de Dios con la Palabra de Dios —sin importar qué otros beneficios tenga, o alegue, o qué acreditación tenga— *está fallando en su cometido de preparar a la Iglesia y a sus líderes para el desempeño de su llamado y su misión en el mundo.*

Por lo tanto, les suplico: si estamos aquí para pensar en cómo planificar de modo que la ET sea efectiva y tenga el impacto que Dios desea, *de acuerdo a lo que nos dice la Biblia*; dejemos que la Biblia misma sea la lente principal a través de la cual eduquemos a nuestros estudiantes a ver todo lo demás. ¿Creen que podemos planificar *con ese objetivo* en mente?

4. Cómo demostrar la efectividad y el impacto: ¿se pueden medir?

Una cosa es invertir tiempo y esfuerzo en *planificar* para la efectividad y el impacto a largo plazo de nuestra ET, pero *demostrar* que lo hemos logrado es otra. Sin duda esto es mucho más complejo y ambiguo.

El argumento bíblico

La Biblia no es reacia a la descripción y a la cuantificación de *resultados exitosos*; lo hace de muchas maneras, incluyendo a veces datos y cifras para corroborarlos. Se nos informa, por ejemplo, de todos los materiales costosos que se recogieron para la construcción del tabernáculo (Ex 35) y de las ofrendas de cada tribu cuando se hubo completado (Nm 7). Del mismo modo, se registra la solicitud de ofendas para el templo por parte del rey David y sus resultados exitosos (1 Cr 28-29). Con frecuencia se nos informa del tamaño de los ejércitos enemigos y del éxito militar de Israel, porque Dios demuestra su poder en la victoria. Sansón mató a mil filisteos con la quijada de un asno, su impacto fue importante, al menos desde el punto de vista de los filisteos.

Los evangelios a veces mencionan los efectos de las predicaciones de Jesús o de sus acciones en cifras, como evidencia de su identidad y de por qué había venido. De igual manera, en los Hechos se registra el número creciente de recién convertidos, y se demuestra la eficacia y el impacto del Evangelio en Éfeso en términos económicos que afectan a la industria de los ídolos, que da lugar a las protestas en la ciudad. Se podría decir también que la visión de Juan en Apocalipsis en la que ve a una gran multitud de todas las naciones, tribus, pueblos y lenguas es la evidencia definitiva del resultado de la promesa de Dios a Abraham en Génesis. ¡La Biblia entera es una gran historia de "resultados e impacto"!

Advertencias bíblicas

Sin embargo, contar y medir puede resultar ambiguo o peligroso. Los espías israelitas trajeron frutos gigantescos a su regreso de su exploración de Canaán que eran prueba de la bonanza en la tierra que Dios les había prometido. Pero diez de ellos habían medido la altura de "los gigantes" que vivían allí, y la de las murallas de las ciudades, y ahora se sentían como insectos en comparación. En consecuencia, desperdiciaron la promesa, la oportunidad que Dios les había dado, y a una generación entera, por sus mediciones exageradas y su complejo de inferioridad.

El motivo por el cual el rey David hizo un conteo de sus tropas no está claro, pero el jefe de su ejército, Joab, se lo desaconsejó, y al Señor no le agradó. Presumiblemente era síntoma su *orgullo* y *autosuficiencia*, como si la estabilidad de su reino dependiera del tamaño de su ejército en vez de la promesa de Dios. Los resultados fueron trágicos (1 Cr. 21).

Preocuparse demasiado por los resultados y su medición puede llevar a la *jactancia* —una tentación de la que el apóstol Pablo estaba muy consciente y a la que resistía—. El no se jactaba de nada en su persona excepto de aquello que daba testimonio de la obra de Dios: "Por tanto, mi servicio a Dios es para mí motivo de orgullo en Cristo Jesús. No me atreveré a hablar de nada sino de lo que Cristo ha hecho por medio de mí para que los gentiles lleguen a obedecer a Dios. Lo ha hecho con palabras y obras, mediante poderosas señales y milagros, por el poder del Espíritu de Dios" (Ro 15:17-19) Es importante subordinar siempre nuestros cálculos y argumentos a la realidad previa e infinita de la gracia de Dios.

> La gloria, Señor, no es para nosotros;
>> no es para nosotros, sino para tu nombre,
>> por causa de tu amor y tu verdad. (Sal 115:1)

La Biblia entonces nos da *argumentos a favor* de los conteos y las mediciones, y *advertencias* de no hacerlo por motivos equivocados. Se requiere discernimiento para este asunto — discernimiento que necesitaremos constantemente a lo largo de esta conferencia.

Recordemos además que hay algo que *jamás se podría medir*: a Dios mismo —obviamente— pero además la evidencia de su amor, de su gracia y de su fidelidad a su pacto con nosotros. Los salmistas reflexionan al respecto en varias ocasiones:

> Muchas son, Señor mi Dios,
>> las maravillas que tú has hecho.
>> No es posible enumerar
> tus bondades en favor nuestro.
>> Si quisiera anunciarlas y proclamarlas,
>> serían más de lo que puedo contar. (Sal 40:5)

La obra de Dios impacta y es efectiva, pero, por lo general, de tal modo que resulta imposible medirla con nuestros insignificantes sistemas de medición.

Todos sabemos que, a veces, lo que de verdad cuenta no se puede contar (mientras que lo que no cuenta se puede medir fácilmente). Es importante enfatizar también, que además de ser incontables, con cierta frecuencia, los resultados pueden ser *impredecibles*. El Señor es soberano, y su Espíritu "sopla por donde quiere." Dejemos que la sabiduría del libro de Eclesiastés sea la música de fondo que nos mantenga conscientes de esta realidad esta semana. En medio de todos los esfuerzos para lograr buenos resultados y medir nuestro impacto, recordemos que hay cosas que no podemos saber con antelación, que son impredecibles y que no podemos controlar. Se requiere mucha fe, valor y un espíritu aventurero.

Lanza tu pan sobre el agua;
después de algún tiempo volverás a encontrarlo.
Comparte lo que tienes entre siete, y aun entre ocho,
pues no sabes qué calamidad pueda venir sobre la tierra.

Cuando las nubes están cargadas,
derraman su lluvia sobre la tierra.
Si el árbol cae hacia el sur, o cae hacia el norte,
donde cae allí se queda.
Quien vigila al viento no siembra;
quien contempla las nubes no cosecha.

Así como no sabes por dónde va el viento
ni cómo se forma el niño en el vientre de la madre,
tampoco entiendes la obra de Dios,
creador de todas las cosas.

Siembra tu semilla en la mañana,
y no te des reposo por la tarde,
pues nunca sabes cuál siembra saldrá mejor,
si esta o aquella,
o si ambas serán igual de buenas. (Ec 11:1-6)

Por último, les pediría que, aún en medio de nuestra legítima tarea de contar, medir y verificar la efectividad y el impacto de nuestro trabajo, *no descuidemos el poderoso papel que juegan los testimonios y las historias*. La Biblia nos ofrece muchos ejemplos de ambos. Se nos presentarán gran cantidad de datos, cantidades y cifras —y las Escrituras nos ofrecen también muchos ejemplos de estos mostrándonos que no estamos equivocados al ocuparnos en este aspecto— pero imagínense que los evangelios, o que el libro de los Hechos, contuvieran solo números...

¡El Credo de los Apóstoles estaría repleto de estadísticas!

Jesús
realizó 127 milagros de sanación
predicó 29 sermones
contó 31 parábolas
alimentó a 9mil personas (como mínimo)
etc.
La iglesia primitiva creció en 3mil miembros inicialmente, seguido
de 5mil, etc.
El evangelio llegó a 25 ciudades en los viajes misioneros de Pablo, etc.

Podríamos plasmar el Nuevo Testamento en unas cuantas diapositivas de PowerPoint repletas de estadísticas. Pero nos sentiríamos vacíos sin la gran historia y sin las demás pequeñas historias entrelazadas.

La Biblia enfatiza mucho el poder del testimonio y de la narrativa de lo que Dios ha hecho. De hecho, fue a raíz de relatar de estas historias una y otra vez que se consiguió enseñar las Escrituras, y que se alcanzó el resultado deseado: el de establecer una comunidad moldeada y preparada en el conocimiento de la historias de un Dios que obra, y quien esperan ver obrar de nuevo.

Lo que quiero decir es que debemos abstenernos de despreciar la evidencia que a menudo tildamos de informal o circunstancial. Por supuesto que debemos de complementarlas con datos, números, porcentajes, gráficas y demás cuando podamos, pero serán estas historias las que demostrarán la efectividad y el impacto de nuestros esfuerzos; solo estas serán asimiladas y recordadas.

O, para explicarlo con claridad: hace cuarenta y cinco años, John Stott fundó el programa que ahora lleva el nombre de Langham Scholars. ¿Ha sido efectivo? me preguntarán. ¿Ha tenido algún impacto? La verdad es que podría proyectar una diapositiva de PowerPoint con todas las estadísticas —el número de los que se doctoraron, los países donde sirven, el número de seminarios donde enseñan, el número de estudiantes a los que han instruido, los libros que han publicado, los ministerios que han fundado, etc. Todo lo anterior es información de importancia, y la registramos con meticulosidad. Tal vez les impresionaría, pero al día siguiente ya se les habría olvidado.

Prefiero que conozcan a los más de treinta y cinco estudiantes de doctorado de Langham que están aquí en la conferencia de ICETE 2015, y que fueran ellos mismos quienes les contaran sus historias. Así verían la evidencia de sus vidas, el poder de su testimonio. Ello sí implicaría ver los resultados, el impacto y la eficacia *encarnados* y no solo cuantificados.

Regocijémonos en las estadísticas cuando podamos porque así nos lo enseña la Biblia. Pero nos regocijaremos con mayor razón cuando sea por lo que hemos visto y oído con nuestros propios ojos y oídos.

Preguntas para reflexionar

1. En lo que respecta al tema de la 'evalución', ¿en qué punto te encuentras del rango que va desde 'entusiasmo' hasta 'desconfianza'? Menciona uno o dos factores que influyen tu actitud actual hacia el proceso de evaluación.

2. "La misión de Dios para beneficio de las naciones" como propósito de la educación teológica es el principal argumento de este capítulo. Describe algunas de las maneras en que tu seminario/programa considera seriamente este objetivo. Piensa en una o dos formas en que tu seminario/programa podría mejorar en este respecto.

3. Hemos sugerido varios resultados que se esperan de la educación teológica: (a) el resultado abrahámico de ser intencionadamente misional; (b) el resultado mosaico de enseñar a cada generación todo lo que Dios ha hecho y dicho; (c) el resultado paulino de la madurez holística del cristiano. ¿Qué porcentaje representaría el énfasis que se le otorga a cada uno de estos resultados en sus programas de estudio? ¿Qué otros énfasis se incluyen en sus programas? Piensen en un área específica donde su seminario/programa debería comenzar un proceso para alcanzar un equilibrio saludable de estos énfasis bíblicos.

4. ¿Cómo entiendes el concepto de "estrategia basada en toda la Biblia" aplicada al programa de estudios? ¿Cuál crees que serían las ventajas de una estrategia así? ¿Cuáles serían algunas de sus dificultades?

5. Ahora que vamos a ocuparnos en la evaluación, ¿qué fue lo que te pareció más útil en la sección final que incluye advertencias acerca de cómo medir resultados de manera bíblica?

2

La evaluación más allá de los '4 factores'

Scott Cunningham
Presidente, Overseas Council EEUU

Cuando digo los '4 factores,' me estoy refiriendo al marco de referencia desde el que generalmente evaluamos los seminarios: las instalaciones, la biblioteca, sus ingresos y sus estudiantes. Sin embargo, a lo largo del reciente proyecto del Overseas Council en el que participamos, que está enfocado en el desarrollo de planes de estudios teológicos basados en resultados, aprendí una estrategia diferente para evaluar nuestros programas. En este capítulo quisiera compartir con ustedes la estructura básica de lo que aprendí, empezando por lo que vi en el Seminario Bautista Árabe de Teología (ABTS, en Beirut, el Líbano) y como esto influyó mi forma de entender lo que sería un mejor proceso de evaluación para nuestros programas de educación teológica.

Varios años atrás el ABTS había revisado su programa de estudios para adaptarlo a las necesidades cambiantes de los líderes de la iglesia en el contexto de Oriente Medio. Ahora estaban dispuestos a evaluar su experimento. Al escuchar la historia de cómo lo hicieron pude discernir algunos principios importantes.

1. Cambiar el enfoque de la evaluación

El primer aspecto significativo de su proceso de evaluación era un cambio de enfoque: lo que estaban evaluando era algo diferente.

En vez de centrarse en las actividades del seminario, el enfoque estaba puesto en los resultados de las actividades del seminario. El énfasis recaía entonces en la evaluación de los resultados reales del plan de estudios. ¿Dónde podemos apreciar claramente los resultados del programa? Los resultados terminantes del seminario se comprueban en los ministerios de los egresados y en las iglesias en las que estos sirven.

Este se convierte entonces en el nuevo núcleo del proceso de evaluación, lo cual supone un cambio de enfoque con respecto a cómo se hacía normalmente. Durante mucho tiempo, los estándares para la acreditación de un seminario se centraban en:

- los recursos de la institución, como son: las instalaciones, la facultad docente, los ingresos y la biblioteca (de ahí los 4 factores); y en
- las actividades de la institución, como son: el plan de estudios, la administración, el reglamento y los procedimientos.

Sin embargo, si la misión del seminario es la de servir a la iglesia, entonces para constatar que esta se está cumpliendo debemos preguntarnos cuál es la calidad del servicio en las iglesias donde ministran nuestros egresados. ¿Cómo están influyendo nuestros egresados en esas iglesias y en el resto de los ministerios que dirigen? Como dice Rupen Das, antiguo miembro de la facultad docente de ABTS: "El éxito de una institución teológica se mide por la efectividad de sus egresados en los lugares y entornos donde sirven."

Lo que estaba haciendo el ABTS se convirtió en un ejemplo experimental muy significativo para mí. Como comunidad de educadores y líderes en el campo de la teología, siempre consideramos esta perspectiva de la evaluación como la más deseable y por mucho tiempo la ambicionamos. Sin embargo, no he visto ningún progreso significativo en este sentido, y la práctica de la evaluación sigue siendo distando mucho del ideal.

Esta aspiración se menciona explícitamente en un importante documento titulado "El manifiesto de ICETE para la renovación de la educación teológica evangélica," que dice:

5. Evaluación contínua:

... debemos reconocer que es no solamente provechoso, sino imprescindible, discernir y evaluar los resultados de nuestros programas para que exista una base válida en la cual apoyarnos para discernir en qué medida se han logrado los objetivos. Esto requiere que se implementen medios que nos permitan evaluar el desenvolvimiento de nuestros graduados en relación con los objetivos establecidos.[1]

2. Aplicar el modelo lógico

El segundo aspecto más importante de esta nueva perspectiva —la que implica el cambio de enfoque desde la actividades del seminario (los recursos y el plan de estudios) hacia los resultados— es el marco conceptual que se usaba para la evaluación. El 'modelo lógico' (o la 'teoría del cambio') se utiliza con frecuencia en el ámbito de las organizaciones sin fines de lucro, o de desarrollo comunitario, cuando el éxito o los logros no se pueden medir estrictamente en términos económicos.

¿En qué consiste el 'modelo lógico'?

El 'modelo lógico' es "una teoría de planificación de proyectos que explica cómo una intervención (proyecto, programa, estrategia) puede concebirse en términos de una cadena de resultados que produce el impacto real o deseado."[2]

Para ilustrar este punto podemos dar un ejemplo del ámbito del desarrollo comunitario. Imagínense que los niños de una aldea están muriendo por beber agua sucia. Queremos evaluar un programa educativo diseñado e implementado con el propósito de resolver este problema. ¿Tuvo éxito el programa? ¿Logró su objetivo?

Lo que hacemos y los resultados de lo que hacemos

El 'modelo lógico' concibe el programa en dos partes principales: lo que hacemos, y los resultados de lo que hacemos. Lo que hacemos se divide así mismo en dos partes: los insumos que invertimos y actividades que hacemos.

---

1. ICETE, "ICETE Manifesto on the Renewal of Evangelical Theological Education", http://www.icete-edu.org/manifesto/; énfasis añadido.
2. "Develop Programme Theory," BetterEvaluation, accedido 20 de septiembre 2017, http://www.betterevaluation.org/en/plan/define/develop_logic_model.

De igual manera, los "resultados de lo que hacemos" se dividen en dos partes (o en ocasiones tres): los productos que se generan y los resultados y/o el impacto.

- *Actividades*: lo que se hace en el programa para alcanzar el objetivo.
- *Insumos:* los recursos necesarios para llevar acabo las actividades.
- *Productos:* resultados inmediatos y a corto plazo de las actividades. Los productos o servicios generados, o las personas entrenadas.
- *Resultado e impacto:* son los resultados a mediano y largo plazo como consecuencia de los productos generados.

Un ejemplo

Ahora podemos hacer uso del modelo lógico para evaluar del programa educativo de desarrollo comunitario que estábamos utilizando como ejemplo.

Primero debemos identificar cuáles serían los indicadores de éxito del programa educativo. Se podrían considerar los siguientes puntos para evaluar las actividades del poyecto

- ¿A cuántas de las madres se les enseñó acerca del agua limpia?
- ¿Cuál fue el contenido de lo que se les enseñó acerca del agua limpia?

Uno de los posibles indicadores del éxito del proyecto, en términos de actividades, podría ser que el 90 por ciento de las madres de la aldea fueran instruidas acerca de la limpieza del agua.

Si estuviéramos evaluando los insumos, ¿cuál sería un indicador adecuado del éxito del programa?

- ¿Cuánto dinero se invirtió en el programa?
- ¿Estaban acreditados los insturctures que participaron en el programa?

Uno de los posibles indicadores en cuanto a insumos, podrían ser los $10,000 que se invirtieron en el proyecto; o la participación de los instructores en un curso de preparación de diez horas para informarse acerca el plan de estudios que impartirían.

Si estuviéramos evaluando los productos, ¿cuál sería un indicador adecuado del éxito del programa?

- Podríamos hacer una prueba de los conocimientos, habilidades y actitudes de las madres antes y después de la instrucción que recibieron por parte del programa

Con esta esta estrategia, uno de los posibles indicadores de éxito sería que las madres que ya asistieron al curso salgan convencidas de que el agua limpia es indispensable para la salud de sus hijos. Y que las madres también aprendieran a hervir el agua para purificarla.

Si estuviéramos evaluando los resultados, ¿cuál sería un indicador adecuado del éxito de nuestro programa? Hay varios indicadores posibles: El 90 por ciento de las familias donde las madres asistieron al curso ahora hierven el agua que beben durante al menos diez minutos. O el índice de mortalidad infantil (i.e. proporción de niños que sobreviven su primer año) en la aldea donde las madres asistieron al curso ha disminuido en un 50 por ciento con respecto a antes del curso.

Si hubiéramos participado activamente en este programa (en su diseño, financiamiento, dirección o en la enseñanza), ¿cuál de estos indicadores tendría mayor importancia para nosotros? ¿Qué indicador demuestra mejor el éxito del proyecto? ¿Qué es realmente lo que queremos evaluar? ¿las actividades, los insumos, el producto, o los resultados e impacto?

Definitivamente, no nos interesa tanto evaluar los insumos o las actividades. No importa tanto cuántas madres asistieron al curso, o cuántas aprendieron que la purificación del agua tiene repercusiones en la salud de sus hijos. La aldea entera podría haber sido instruida al respecto sin que se llegaran a dar cambios importantes que nos aproximaran aa logro del objetivo principal del proyecto. En definitiva, no son los indicadores de lo que hacemos que debemos evaluar, sino los resultados de lo que hacemos que de verdad nos interesan. En suma, el éxito del proyecto se mide por medio de los indicadores de los resultados y del impacto, al considerar si el programa en efecto produce cambios y logra su objetivo. Así que, en nuestro ejemplo tomado del área de desarrollo comunitario, solo se puede medir el éxito del proyecto educativo con una reduccipon del índice de mortalidad infantil.

El motivo de esta ilustración es demostrar que el éxito determinante de nuestros esfuerzos educativos no se puede medir con lo que hacemos, sino con los resultados de lo que hacemos.

3. Aplicar el 'modelo lógico' a la educación teológica

Ahora podemos aplicar el modelo lógico a la evaluación de un programa de educación teológica.

Comenzamos con el mismo marco de referencia:

Actividades

En la educación este elemento estaría definido, en términos generales, por el 'plan de estudios'. Los indicadores podrían ser:

- ¿Cuántos créditos u horas se necesitan para cubrir los requerimientos de una licenciatura?
- ¿Cuántas asignaturas están incluídas en las áreas de estudios bíblicos y teología?

Insumos (o recursos)

- ¿Cuántos miembros de la facultad docente tienen doctorado?
- Incluimos aquí los '4 factores' que generalmente siempre se tienen en cuenta: las instalaciones, los ingresos, el número de volúmenes en la biblioteca, y el número y la calidad de estudiantes y docentes.

Productos

- ¿Cuál es el carácter, el conocimiento y las habilidades que se distinguen en el egresado? (Aquello que deseamos producir como seminario lo plasmamos a veces en la descripción del 'perfil del egresado.')

Outcomes (and Impact)

- Estos serían los cambios que conforman el resultado deseado de nuestros programas, que se pueden apreciar en el rendimiento de nuestros egresados en los lugares donde sirven.
- Se pueden apreciar de manera terminante en el crecimiento espiritual de la iglesia. Son los resultados a los que aspiramos con el programa de educación teológica.

Es importante aclarar aquí que aquello a lo que se suele denominar *educación basada en resultados*, es, de acuerdo a este nuevo modelo, *educación basada en productos*.

En resumen:

- *Insumos* y *actividades* son aspectos que se centran en la institución misma. Por lo general este ha sido —y sigue siendo con frecuencia— el enfoque principal de los procesos de acreditación.
- *El producto* se centra en el egresado. A veces nuestro sistema de evaluación incluye al egresado.
- *Los resultados* se enfocan en las iglesias por ser los lugares donde los egresados ejercen. Aquí las preguntas serían, "¿cuáles son las características de una iglesia saludable dentro de este contexto?" y "¿hasta qué punto está contribuyendo nuestro egresado a la salud de la iglesia?"

Conclusión: Tres lecciones aprendidas

Permítanme concluir compartiendo las tres lecciones más importantes que aprendí de mi experiencia en el ABTS y con el proyecto del Overseas Council sobre la evaluación de nuestros programas de educación teológica.

a) *Cambiar el enfoque.* Esta nueva perspectiva cambia el enfoque de la evaluación de lo que hacemos en nuestras instituciones a los resultados de lo que hacemos, evidenciados en los egresados y en sus iglesias. Podría decirse que el foco de atención pasa de los '4 factores' (ingresos, instalaciones, biblioteca y estudiantes) a la 'explosión,' es decir, a los resultados y el impacto.

b) *Aplicar el modelo lógico.* Esta estrategia nos ayuda no solamente a centrarnos en los resultados, sino que también nos premite distinguir entre varios niveles de resultados —es decir, entre el producto (el aprendizaje del estudiante), y los resultados e impacto (evidenciado por el perfil del egresado y su el ministerio en la iglesia).

c) *Mejorar el plan de estudios.* Solamente después de haber evaluado el nivel de nuestro éxito en lo que al propósito del programa se refiere podemos preguntarnos: "¿cómo hacer uso de lo que hemos aprendido del proceso de evaluación para hacer ajustes en nuestros programas/actividades y así mejorar?" Esta es la razón por la cual este proyecto se convierte en "la revisión del plan de estudios basado en la investigación." Esto quiere decir, que no hacemos la evaluación por hacerla, sino que la hacemos con el objetivo de mejorar nuestro programa por medio de la información que recogemos acerca de los resultados.

A lo largo de los últimos dieciocho meses, el Overseas Council ha trabajado con diez seminarios de diferentes partes del mundo para aprender juntos cómo debemos evaluar sus programas. Ha sido todo un privilegio presenciar sus esfuerzos en el uso de estos conceptos, verles aprender y verles desarrollar nuevas maneras de concebir su escuela.

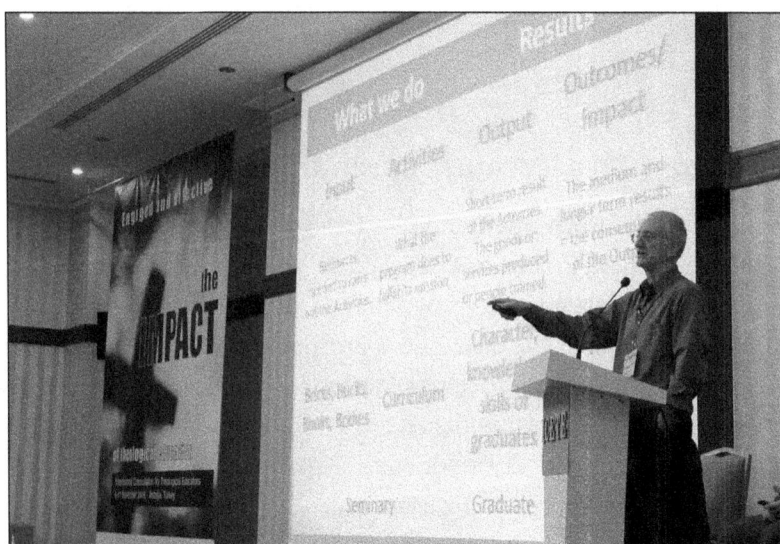

Preguntas para reflexionar

1. ¿Cuál es la calidad del ministerio de nuestros egresados en las iglesias donde sirven? ¿Cómo están influyendo para bien nuestros egresados en esas iglesias y en el resto de los ministerios que dirigen?

Para que estas preguntas tengan sentido necesitamos ser más puntuales en nuestras indagatorias. En su escuela, ¿cómo definirían el concepto de 'influir para bien'? ¿Cuáles serían algunos de los criterios de mayor importancia a la hora de decidir si sus egresados están cumplientdo con el propósito de su escuela? ¿Quiénes deberían participar en la elaboración de estos criterios?

2. Una de las claves en el uso del 'modelo lógico' para la evaluación es el objetivo final del impacto. Teniendo en cuenta el contexto local de las iglesias donde ministran sus egresados, hagan una lista de al menos tres áreas principales donde anhelan lograr un impacto significativo en su entorno. Sean lo más específicos como puedan. ¿Cómo podrían evaluar el cambio para bien en estas áreas?

3

Conectando el currículo con el contexto:

Los fundamentos para alcanzar la relevancia en la educación teológica[1]

Rupen Das
Director Nacional, Sociedad Bíblica Canadiense

Me parece significativo que el día de hoy estemos reunidos para considerar la relevancia y el impacto de la educación teológica en Antalya, una parte del mundo donde la fidelidad a las enseñanzas de los apóstoles en un contexto de lealtades y filosofías encontradas fue, en su tiempo, un desafío importante para la iglesia primitiva. La pregunta en ese tiempo era, ¿cómo comunicar la verdad acerca de Cristo en contextos tan diferentes del entorno judío en el que lo apóstoles habían conocido a Cristo? El asunto tenía que ver con cómo relacionar las enseñanzas de Jesús y los apóstoles con el contexto.

Este desafío se hizo evidente en la vida de Policarpo, quien había llegado a la provincia de Asia con su familia tras la caída de Jerusalén en el año 70 d.C. y se había establecido no muy lejos de aquí. En la ciudad de Éfeso el joven Policarpo aprendió a los pies del apóstol Juan. Más adelante sería designado obispo de Esmirna (Izmir, en turco) —una ciudad más hacia al norte siguiendo la costa— por el mismo apóstol Juan.

---

1. Una versión extendida de este capítulo ha sido publicada en inglés por Langham. Rupen Das, *Connecting Curriculum with Context*, ICETE Series (Carlisle, UK: Langham Global Library, 2015).

Policarpo fue importante porque era uno de los pocos padres de la iglesia que suponía un vínculo directo entre los apóstoles —que habían conocido a Jesús y escuchado sus enseñanzas— y la iglesia primitiva de finales del primer siglo y principios del segundo. En ese tiempo, antes de que las doctrinas de la iglesia se cristalizaran después de los varios concilios y credos, el gran desafío para Policarpo era asegurarse de mantener la integridad de las enseñanzas de los apóstoles que había recibido directamente de Juan y entregárselas intactas a la siguiente generación.

No era esta una tarea sencilla. El helenismo estaba en auge y la cosmovisión griega dominaba todo el discurso intelectual. El apóstol Juan había logrado contextualizar la idea de la identidad de Cristo al adoptar el término filosófico griego *Logos* para explicar la manera en la que Dios está activo en el mundo y en la vida del ser humano. Consciente del esfuerzo que había hecho Juan al contextualizar, Policarpo había aprendido, no solo las doctrinas que comenzaban ya a delimitar la nueva fe, sino también a relacionar la realidad de Cristo —a quien él ya había conocido por la fe— con el contexto cultural e intelectual del entorno en el que vivía.

Esta disposición suya resultó esencial para enfrentar la herejía de Marción, el cual intentó separar a la iglesia de sus raíces hebreas y quiso redefinir la identidad de Jesús y Dios. Al tratar con la herejía, Policarpo pudo discernir los argumentos que procedían de la cultura y filosofía griegas sobre los cuales Mación fundamentaba su herejía y a su vez se alejaba de la verdad. De este modo se aseguró de que la iglesia primitiva se mantuviera firme en la enseñanza de Jesús y de los apóstoles

Este es el reto que enfrentan tanto teólogos como misiólogos: cómo asirse de la verdad que hemos conocido en un contexto específico y a hacerla relevante en otro. El teólogo Daniel Migliore, de Princeton, escribe que "la confesión de fe en Jesucristo ocurre en contextos históricos y culturales específicos. Nuestras respuestas a las preguntas de quién decimos que es Jesús y lo que él hace por nosotros están determinadas en gran medida por el contexto específico en el que surgen la preguntas."[2] Para los educadores en teología el reto es algo más complejo: ¿cómo enseñar a los estudiantes las habilidades que necesitan para

---

2. Daniel Migliore, *Faith Seeking Understanding: An Introduction to Christian Theology* (Grand Rapids, MI: Eerdmans, 2004).

compartir al Cristo que conocen desde su propio contexto con personas de otro contexto cultural e histórico de modo que también ellos puedan conocerlo? Esto es justamente lo que el apóstol Juan tuvo que hacer: compartir al Cristo que había conocido en su contexto judeo-palestino con Policarpo, quien tendría a su vez que proclamar a Cristo en un contexto intelectualmente griego, pero Romano en cuestión política. En cierto sentido, la efectividad del apóstol Juan al discipular y enseñar a Policarpo podría evaluarse por el éxito de Policarpo frente a la herejía de Marción.

La evaluación del impacto que la educación teológica pueda lograr ha sido siempre un reto. Lo que estamos considerando es cómo podemos relacionar la educación teológica que impartimos con los contextos en los que nuestros estudiantes ejercerán, de tal modo que lleguen a ser efectivos. En un mundo pluralista, con gran diversidad de contextos y culturas en el que tendrán que ministrar nuestros egresados, la educación teológica tiene que ser relevante y sensible al contexto. Ya no es suficiente que, además de poseer el concimiento bíblico necesario y las habilidades básicas para el ministerio, los estudiantes dominen ciertos conceptos teológicos y verdades centrales. El impacto de una institución teológica se mide por la efectividad de sus egresados en los contextos específicos donde ministran. Por lo tanto el currículo teológico debe estar relacionado con el contexto de los egresados.

El teólogo y pastor Eugene Peterson sostiene que todo ministerio tiene sus bases en la geografía donde se origina. Dice: "Ahora es el tiempo de redescubrir el significado de lo local, y en la iglesia, el de la parroquia. Todas las iglesias son locales. Todo el trabajo pastoral ocurre en un punto geográfico."[3] Si esto es cierto, ¿creemos que los egresados tendrán la habilidad y las herramientas necesarias para entender su contexto local?

Otros en esta conferencia analizarán cómo se debe evaluar la efectividad y el impacto de la educación teológica, pero esta mañana asentaremos algunas de las bases necesarias para la conversación al considerar (1) cómo han evolucionado los diversos modelos de educación teológica a lo largo del tiempo en respuesta a las necesidades de la iglesia y de la sociedad, y (2) cómo puede

---

3. Eugene Peterson, *Under the Unpredictable Plant: An Exploration in Vocational Holiness* (Grand Rapids, MI: Eerdmans, 1994).

una institución teológica relacionarse con su contexto de manera intencionada. (también para esto estudiaremos un modelo).

Modelos de educación teológica

No existe un modelo exclusivo de educación teológica. Desde los comienzos de la iglesia hasta el día de hoy, el tipo de educación teológica que se ha impartido ha dependido de (1) las necesidades de la iglesia en contextos específicos y de (2) la influencia de la cultura local.

Existen tres modelos reconocidos de educación teológica. David Kelsey, de Yale Divinity School, concibió una estructura que distinguía entre la perspectiva clásica y la vocacional.[4] A esta se le añadiría después la perspectiva misional de Robert Banks.[5]

El modelo clásico, también conocido como 'Atenas,' considera la educación teológica como la formación del carácter cristiano o la *paideia* cristiana. Procede de la metodología educativa clásica griega y su significado literal era crianza o educación. Implicaba el proceso de la formación del carácter, y el objetivo era producir ciudadanos equilibrados y con una educación completa.[6] El concepto de paideia no se origina con el individuo y su potencial, sino con el concepto de lo que es la persona ideal. El proceso de educación suponía entonces educar y moldear a las personas para que alcanzaran el ideal que representaba la naturaleza humana en su versión más perfecta. Los filósofos, artistas, escultores, educadores y poetas grecorromanos obtenían su inspiración del concepto del hombre ideal, y el objetivo de la educación clásica era la transformación del individuo.

La iglesia primitiva adoptó y después adaptó este modelo. Algunos de los padres de la iglesia concebían la fe cristiana como *paideia*: para crecer en la fe se requería la formación del carácter. Para cuando llegó el periodo medieval y monástico esta filosofía se había convertido en la corriente educativa dominante. La *paideia* influyó la estructuración de las reglas monásticas

---

4. David H. Kelsey, *Between Athens and Berlin: The Theological Debate* (Grand Rapids, MI: Eerdmans, 1993), 27.

5. Robert Banks, *Reenvisioning Theological Education* (Grand Rapids, MI: Eerdmans, 1999).

6. Richard Tarnas, *The Passion of the Western Mind: Understanding the Ideas That Have Shaped Our World View* (New York: Harmony, 1993), 29–30.

de Basilio de Cesarea.[7] Su objetivo era favorecer el desarrollo de una visión holística en cada individuo, una visión que entendiera e incluyera la totalidad de la experiencia vital y del mundo. En lugar de concentrarse solamente en el estudio de Dios, el énfasis estaba en conocer a Dios.

Brian Edgar, del Asbury Theological Seminary, lo explica así: "No se trata de *teología*, i.e. el estudio formal del *conocimiento* de Dios, sino más bien de lo que Kelsey denomina *theologia*, obtener la sabiduría de Dios."[8] Se enfatizaba por lo tanto la santidad y la transformación del individuo. Como explica Edgar, en este modelo de educación teológica, la santidad y la transformación moral y espiritual son cruciales.

El modelo vocacional —a veces identificado como 'Berlín'— tiene sus raíces en la Ilustración, y concibe la educación teológica como formación para la vocación profesional cristiana, y por lo tanto la sitúa dentro del contexto universitario como disciplina académica. El término alemán *Wissenschaft* significa área de estudio, o ciencia, que requiere de investigación sistemática. El origen de *Wissenschaft* como modelo a seguir en los seminarios se originó con Friedrich Schleiermacher y su labor pionera en la Universidad Humboldt de Berlín. El objetivo no era ahora la formación moral y personal del individuo a través del estudio de textos autoritativos, sino la formación del estudiante por medio del análisis riguroso de manera que pudiera transferir la teoría a la aplicación práctica.

La labor de Schleiermacher fue diseñar un currículo para la formación profesional de los ministros de la iglesia oficial alemana a la vez que defendía el estatus de la teología como disciplina académica. Para esto se basó en la estructura de cuatro pilares que había integrado el currículo teológico tradicional para la formación de pastores y maestros desde el periodo de la Reforma. Los cuatro pilares eran: los estudios bíblicos, la historia de la iglesia, dogmática o teología sistemática, y teología práctica. Él los adaptó al contexto de la universidad moderna. Schleiermacher argumentaba que la universidad

---

7. Werner Jaeger, *Early Christianity and Greek Paideia* (Cambridge, MA: Harvard University Press, 1961), 90. La Regla de San Basilio se convirtió en el modelo del monasticismo oriental a partir del siglo V, e influyó en el desarrollo de las órdenes monásticas fundadas por Benito de Nurcia, San Domingo de Guzmán y San Francisco de Asís.
8. Brian Edgar, "The Theology of Theological Education," *Evangelical Review of Theology* 29, no. 3 (2005): 210.

tenía el deber de formar ministros cristianos, y que su preparación no difería de la que requerían los profesionales de la medicina o de las leyes. En cada una de las tres disciplinas existía una progresión de la teoría a la práctica.[9] La instauración de este modelo significó la pérdida del la paideia y de la formación personal, moral y espiritual del individuo.

El modelo de Schleiermacher sigue siendo el marco general de la formación teológica de hoy en día, aunque el contenido específico de las cuatro áreas de estudio haya cambiado algo. El consenso parece ser que tanto el conocimiento como las habilidades son necesarias para el ministerio pastoral, y muchos seminarios evangélicos incorporan elementos tanto del modelo clásico como del vocacional en su currículo. Se enfatiza la formación del carácter y de una cosmovisión, al igual que los 'estudios profesionales necesarios para ejercer el pastorado o trabajar en algún ministerio cristiano; pero el énfasis en la teoría y el conocimiento tiende a ser más marcado.

El último de los modelos reconocidos es *el modelo misional* que elaboró Robert Banks, de la Universidad Macquarie en Sidney, conocido también como el modelo 'Jesusalén'. El modelo misional concibe todos los aspectos de la vida como parte de la misión (familia, amigos, trabajo y vecinos). Para Banks la misión no se trata solamente de la orientación misional, sino de que "al enseñar estemos consciente de lo que Dios esta haciendo en el mundo, desde una perspectiva global."[10] Por lo tanto la educación teológica no funciona como una disciplina independiente, sino como parte de la misión. El objetivo es estar involucrado en la *missio Dei* (la misión de Dios). Es un modelo que conecta la acción con la reflexión. Banks plantea que la mejor educación teológica y formación espiritual deben estar basadas —al menos en parte— en la práctica, de manera que los estudiantes adquieran experiencia en su campo de estudio, en la vida, e identifiquen oportunidades para la misión.

La reflexión en torno a estas tres categorías se ha ido ampliando hasta incorporar otros modelos de educación teológica. Brian Edgar, profesor del Asbury Theological Seminary, añadió un cuarto modelo, *el modelo confesional*.

---

9. Friedrich Schleiermacher and Terrence Tice, *Brief Outline of Theology as a Field of Study: Revised Translation of the 1811 and 1830 Editions*, 3rd ed. (Louisville, KY: Westminster John Knox, 2011), 137.

10. Banks, *Reenvisioning*, 142.

Conocido también como el modelo 'Ginebra,' el objetivo de la educación teológica en este caso es el conocimientro de Dios por medio de la gracia y las tradiciones de una comunidad de fe epecífica, y en paricular a través su credo y su confesión de fe. Esto supone un proceso de "formación... por medio de la in-formación y la cultivación en su tradición."[11] Este objetivo se consigue enseñando acerca de los fundadores, los héroes, las luchas, los puntos fuertes y las tradiciones que son distintivas y formativas en esa comunidad. Los ejemplos de este modelo son los seminarios denominacionales y las instituciones de formación de agencias misioneras específicas.

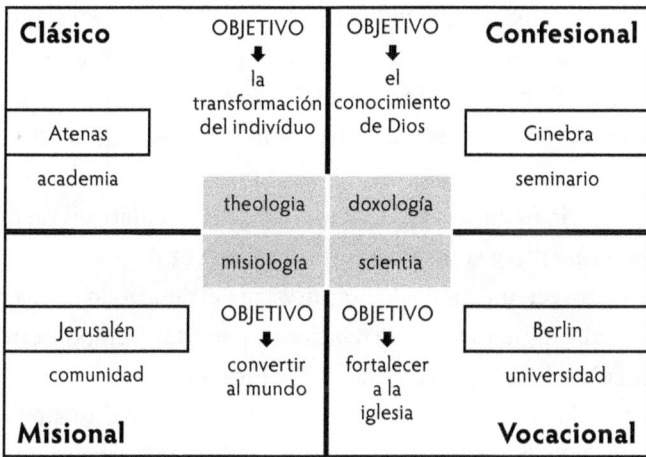

Clásico	OBJETIVO ↓ la transformación del indivíduo	OBJETIVO ↓ el conocimiento de Dios	Confesional
Atenas			Ginebra
academia	theologia	doxología	seminario
	misiología	scientia	
Jerusalén	OBJETIVO ↓ convertir al mundo	OBJETIVO ↓ fortalecer a la iglesia	Berlin
comunidad			universidad
Misional			Vocacional

Figura 1: Los cuatro modelos de educación teológica[12]

Darren Cronshaw, investigador en misiones de la Unión Bautista de Victoria en Australia, añade dos modelos más.[13] El primero es *el modelo contextual*, también denominado 'Auburn.' Según Cronshaw, la teología y la misión deben tener su expresión en contextos específicos tales como su propio vecindario en Auburn.[14] Por lo tanto la preparación teológica del modelo contextual se centra en comprender el contexto local y aprender a crear una

11. Edgar, "Theology," 213.

12. Adapted from Edgar, 213.

13. Darren Cronshaw, "Reenvisioning Theological Education and Missional Spirituality," *Journal of Adult Theological Education* 9, no. 1 (2012): 9–27.

14. John Franke, *The Character of Theology: An Introduction to Its Nature, Task, and Purpose* (Grand Rapids, MI: Baker Academic, 2005), 90.

comunidad (*koinonia*). Esta comunidad es la que vive el evangelio, y en el proceso de vivirlo sus fronteras se abren. Experimentan conjuntamente la vida comunitaria y demuestran el amor de Dios para que otros también puedan formar parte de la comunidad y algún día creer.[15]

El último modelo que añade Cronshaw es *el modelo espiritual*, conocido también como el modelo 'Nueva Delhi.' Este modelo tiene su razón de ser en el mundo multicultural y pluralista. Dice Cronshaw:

> Un contexto de la espiritualidad misional 'Nueva Delhi' sería el áshram, el templo indú. A medida que el equilibrio del poder global va cambiando y la influencia cristiana aumenta en el mundo mayoritario —argumenta Kraig Klaudt— algunos áshrams indues presentan características muy útiles que la educación teológica podría adoptar. Estos áshrams están situados 'en el mundo,' sin barreras; están abiertos a todos; ofrecen un modo de vida comunitario dedicado al servicio a los demás; enfatizan un estilo de vida sencillo y la madurez espiritual en vez de publicar lo que hacen; proveen un currículo holístico para el desarrollo intelectual, espiritual, político, estético y relacional; y apartan tiempo y espacio para cultivar la espiritualidad y la autoconciencia. El ejercicio de situar la educación teológica y la espiritualidad misional en Nueva Delhi me recuerda que es necesario interactuar con las cosmovisiones de mis vecinos y asimilar el modelo alternativo del áshram.[16]

Cada uno de estos modelos concibe su papel en la formación teológica de manera diferente, y por lo tanto también define lo que supone un impacto de modo diferente. Aunque cada uno de estos modelos aporta algo valioso, y ciertos elementos son transferibles a otras culturas y contextos, cada uno de estos modelos surgió como respuesta a necesidades específicas de la iglesia y de la sociedad.

Estos seis modelos también nos hacen ver la variedad en la educación teológica disponible hoy en día. Tenemos la educación teológica para láicos,

15. Stuart Murray, *Church After Christendom* (Bletchley: Paternoster, 2005).
16. Cronshaw, "Reenvisioning Theological Education," 12.

la formación en teología ministerial, en teología profesional y en teología académica; y cada una de ellas requiere un plan de estudios diferente con objetivos diferentes. Las instituciones teológicas necesitan tener sus objetivos claros, ya que serán estos lo que determinen el modelo de formación teológica del que harán uso.

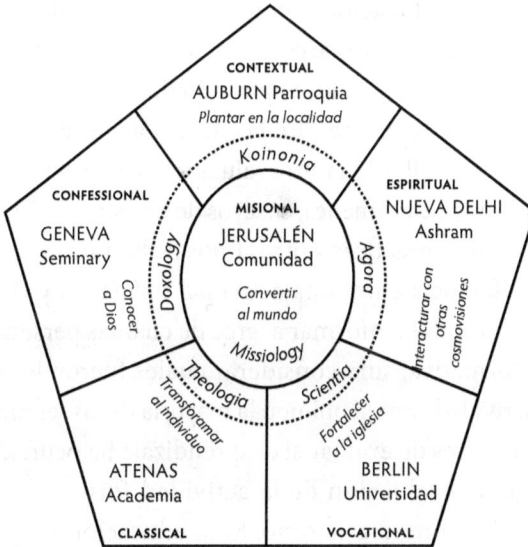

Figura 2: Seis modelos para la educación teológica y la espiritualidad misional[17]

Conectando el plan de estudios con el contexto

Aunque los diferentes modelos de educación teológica son el resultado de necesidades específicas de la iglesia en un momento de la historia, y de un lugar específico, ¿cómo puede una institución teológica conectarse intencionalmente con su contexto en la actualidad? ¿Cómo podemos conectar el plan de estudios con el contexto de manera que los egresados sean efectivos?

El principio básico es que la educación tiene un propósito. Por lo tanto una institución teológica no existe con el objetivo de producir egresados, sino de cubrir las necesidades de la iglesia, el campo misionero y las organizaciones

---

17. Adaptado de Cronshaw, 13.

cristianas, y logra este objetivo a través de sus egresados. La efectividad de una institución teológica se evalúa entonces, no por el número de estudiantes que se gradúan o la calidad de sus egresados, sino por la capacidad de los graduados de cubrir las necesidades de las iglesias, las agencias misioneras y las comunidades donde trabajan. Entonces. ¿fue relevante el plan de estudios al contexto de los estudiantes graduados?

Este concepto de 'educación con un propósito' se ilustra bien a través de lo que se conoce como el marco o modelo lógico. En este esquema se considera que una actividad produce un resultado, y que existe una relación de causa-efecto entre ambos factores. En la educación, la enseñanza tiene como resultado el aprendizaje. Por lo tanto evaluamos si en efecto el aprendizaje ha ocurrido haciendo uso de exámenes, ensayos de investigación y reflexión, casos de estudio, simulacros, prácticas y otros tipos de herramientas de evaluación.

Existe una diferencia entre una actividad formativa y el resultado de la actividad. El objetivo no es informar acerca de cuántas personas participaron en la actividad formativa, sino considerar cuáles fueron los cambios como resultado de la actividad. En mi opinión la mayoría de los seminarios entienden bien esto, y son capaces de evaluar si el aprendizaje ha ocurrido o no.

Sin embargo, la evaluación de la actividad formativa no concluye al determinar si hubo aprendizaje o no. Si la educación tiene un propósito, entonces: ¿qué hizo el egresado con aquello que aprendió?

Las instituciones teológicas, como cualquier otra institución educativa, existen dentro de un contexto. Hay dos modelos de teoría organizativa. Una es la teoría de sistemas de la organización. Una organización tiene una estructura, con roles claramente definidos, procesos y procedimientos, un producto (que en este caso sería el plan de estudios) y demás. Cuanto más claramente definidos estén estos elementos, más efectiva será la organización. Por lo tanto, la calidad de la institución se mide por sus sistemas y procedimientos, y por los recursos que ofrece su plan de estudios, la facultad docente, las instalaciones, la biblioteca y demás. Se hace uso de términos como ISO 9000. Gran parte de nuestro sistema de acreditación actual está basado en esta teoría de la organización. Aunque en ocasiones reconocemos el contexto, la teoría de sistemas de la organización se enfoca principalmente al interior.

Otros consideran a una organización como un sistema vivo, un organismo. Se distancian del modelo mecánico de la institución y favorecen un modelo más biológico. Una organización es un sistema abierto. Tiene una estructura, pero sobrevive y prospera si es capaz de adaptarse a los cambios en su contexto y en su entorno. Los sistemas abiertos requieren que la estructura, los sistemas, y los procedimientos organizativos sean flexibles, receptivos y adaptables. Tales organizaciones son sensibles a su contexto y están enfocadas hacia afuera.

Ambas concepciones de la organización son necesarias para alcanzar la calidad y efectividad de una institución teológica. Se requieren tanto un enfoque al interior como hacia el exterior.

Juntando estas ideas obtenemos lo que identificamos como el programa lógico para una institución teológica.

Cadena lógica

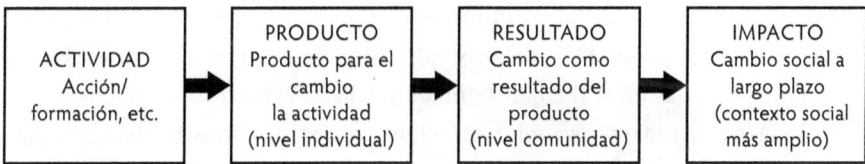

ACTIVIDAD Acción/ formación, etc.	PRODUCTO Producto para el cambio la actividad (nivel individual)	RESULTADO Cambio como resultado del producto (nivel comunidad)	IMPACTO Cambio social a largo plazo (contexto social más amplio)

Figura 3: El marco lógico

Una *actividad* —la formación provista por el seminario— resulta en cambios en el individuo. Estos cambios se identifican como el *producto*.

El individuo transformado —el egresado— puede ahora ministrar en una iglesia, en el campo misionero o en una organización cristiana de manera efectiva. La efectividad del graduado y los cambios que ocurren en la iglesia o en el campo misionero a consecuencia de lo anterior sería el *resultado*. Aquí es importante enfatizar que esto difiere de lo que normalmente llamamos resultados educativos.

Finalmente, la iglesia local o la comunidad de creyentes influye en su entorno y comunidad, generando el *impacto*'

Existe una relación causa-efecto desde la actividad hasta el impacto. Hay que tener en cuenta que también existen muchos factores que podrían afectar y entorpecer el proceso causa-efecto. Estos factores, externos e internos, son los riesgos, que se identifican y se remedian en cuanto surge la oportunidad.

Esto tiene ciertas implicaciones:

a) El enfoque de la institución teológica debe centrarse a nivel *resultado* y no *producto*. El egresado y su formación son solo el vehículo para alcanzar el objetivo.

b) La efectividad de la institución teológica se mide por medio de la efectividad de sus egresados en el contexto en el que ejercen su ministerio.

c) Para ello necesitamos entender el contexto de los graduados, que debe influir de algún modo en el plan de estudios de la institución teológica.

¿Cómo, entonces, podemos establecer esa conexión entre el contexto de los graduados y el plan de estudios de la institución teológica?

Para conectar el contexto con el currículo se necesitan dos procesos organizativos que son esenciales para asegurar la efectividad del seminario. El primero es la implementación de mecanismos administrativos que faciliten la retroalimentación en varios momentos a lo largo del proceso. El segundo es establecer mecanismos administrativos muy claros a la hora de tomar decisiones basadas en la retroalimentación y la información recolectada.

a) *Mecanismos de retroalimentación:* La institución educativa necesita establecer mecanismos de retroalimentación para evaluar el avance y la calidad de los programas. Un examen, por ejemplo, evalúa el progreso del estudiante. La evaluación de una asignatura por parte del estudiante ofrece cierta información sobre la efectividad de la facultad docente. Un informe financiero mensual evidencia la situación financiera de la organización en un momento preciso. Desde luego que se necesitan mecanismos a todos los niveles —de actividad, producto y resultado— que recolecten la información y ofrezcan la retroalimentación acerca del avance y de los cambios resultantes. Aunque la mayoría de las instituciones ya han establecido mecanismos de retroalimentación internos, muy pocas tienen mecanismos para obtener retroalimentación de su contexto externo con relativa frecuencia.

b) *Toma de decisiones:* Las buenas decisiones se basan en información que es correcta y en la retroalimentación recogida de varias partes de la organización, aunque hayan ocasiones en que no se haga uso de la información recolectada. Por ejemplo, cuando se lleva a cabo una revisión del plan de estudios, ¿se toman en cuenta las evaluaciones que los alumnos y docentes hacen de las materias? ¿Se recaba retroalimentación de parte de los egresados y de las iglesias o agencias misioneras donde estos trabajan? La retroalimentación que se obtiene de las evaluaciones, tanto de parte de los estudiantes y de la facultad docente, como las del rendimiento académico de los estudiantes, debe ser canalizada a los administradores académicos que estén dotados para tomar decisiones relacionadas con la reorganización del plan de estudios o la revisión de materias específicas. A menudo, se realizan las evaluaciones, pero no se hace uso de la información para hacer el programa educativo sea más relevante.

La figura 4 muestra cómo podría estructurarse el mecanismo de retroalimentación de un seminario.

Algunos puntos importantes sobre los mecanismos de retroalimentación del diagrama:

- En el transcurso de cada 'actividad'/asignatura, y al finalizar esta, se debe evaluar la efectividad de la misma. Esto se consigue por medio de las evaluaciones de las materias que llevan acabo los docentes, por medio de la evaluación del plan de estudios que hacen los estudiantes, y por medio de la evaluación de los docentes por parte de los estudiantes.
- La función principal del seminario es la de formar y capacitar líderes. Por lo tanto, el 'producto' es que los líderes estén bien capacitados. La evalución a este nivel es la mas sencilla. La mayoría de los seminarios ya tienen definido el perfil del egresado o los requisitos para graduarse en cada uno de los programas que ofrecen. A los estudiantes se les evalúa continuamente a lo largo de su estancia en el seminario para confirmar su progreso en el proceso de alcanzar los requisitos necesarios para su graduación. Esto se logra por medio de pruebas, exámenes, tareas, proyectos, casos de estudio y demás. Lo que se pretende evaluar son los cambios en el conocimiento, en las actitudes y en el comportamiento/aptitudes del estudiante.
- La misión de un seminario nunca debiera ser exclusivamente la de capacitar líderes. Los líderes capacitados deben servir. La misión de un seminario debería ser el servicio a la iglesia y a las agencias

misioneras que buscab cumplir con la gran comisión y el primer mandamiento; y esto se alcanza justamente capacitando a líderes. Por lo tanto, el resultado lo medimos evaluando si los egresados están sirviendo a las iglesias y a las organizaciones misioneras. Se requiere de herramientas adecuadas para responder a esta pregunta y la evaluación debe realizarse en conjunto con las iglesias y los diversos ministerios donde los egresados estén sirviendo.

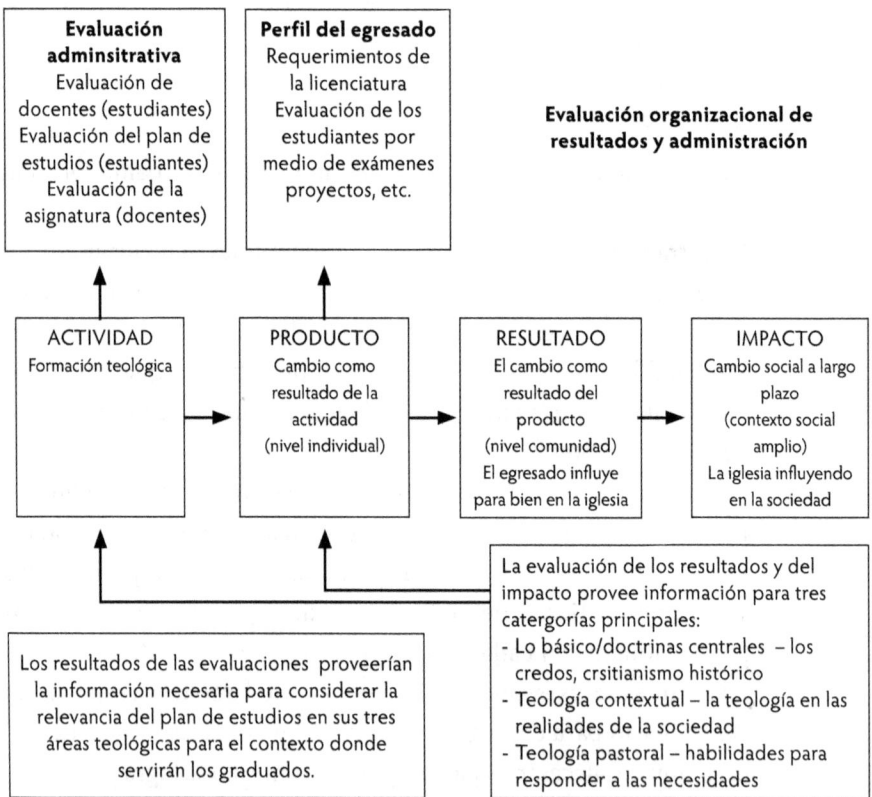

Evaluación adminsitrativa Evaluación de docentes (estudiantes) Evaluación del plan de estudios (estudiantes) Evaluación de la asignatura (docentes)	**Perfil del egresado** Requerimientos de la licenciatura Evaluación de los estudiantes por medio de exámenes proyectos, etc.	**Evaluación organizacional de resultados y administración**

ACTIVIDAD Formación teológica	PRODUCTO Cambio como resultado de la actividad (nivel individual)	RESULTADO El cambio como resultado del producto (nivel comunidad) El egresado influye para bien en la iglesia	IMPACTO Cambio social a largo plazo (contexto social amplio) La iglesia influyendo en la sociedad

Los resultados de las evaluaciones proveerían la información necesaria para considerar la relevancia del plan de estudios en sus tres áreas teológicas para el contexto donde servirán los graduados.

La evaluación de los resultados y del impacto provee información para tres catergorías principales:
- Lo básico/doctrinas centrales – los credos, crsitianismo histórico
- Teología contextual – la teología en las realidades de la sociedad
- Teología pastoral – habilidades para responder a las necesidades

Figura 4: Evaluaciones organizativas y ciclos de retroalimentación

- A nivel 'resultado,' el llevar a cabo evaluaciones periódicas de los contextos donde ministran los egresados (iglesias y/o comunidades) nos puede proporcionar un gran acervo informativo que ayude en la reestructuración del plan de estudios o en la revisión de materias

específicas. La retroalimentación por parte de los egresados, de la comunidad de la iglesia, y de líderes cristianos —además de la comunidad del entorno donde se encuentren— proveerá la información necesaria para revisar los tres aspectos de la educación teológica:

a) *Lo básico/Las verdades teológicas centrales*: Aquí se incluyen los credos, teología bíblica, teología sistemática, y teología histórica. Aunque todos los conceptos teológicos son importantes para la educación teológica, ¿crees que es posible que ciertos conceptos teológicos presenten mayor dificultad en ciertos contextos? Además de saber identificarlos, los estudiantes deben también entender cómo afrontarlos.

b) *Teología contextual*: ¿Cómo se entiende o percibe a Dios dentro de un contexto o una cultura particular? El tema de la ética cristiana en ciertos contextos es crucial. ¿Cuál es la perspectiva bíblica acerca de temas como la pobreza y la justicia social, género, raza, trata de personas, inmigración, mutilación genital femenina, etc.? ¿Cuáles son los temas sociales y éticos específicos que deben afrontarse desde el marco de la ética cristiana en contextos específicos? ¿Cómo se expresa el respeto —y por lo tanto, cómo se adora a Dios— en una cultura y contexto específico?

c)   *Teología pastoral:* ¿Existen problemas específicos entre idividuos y familias que un egresado sabría afrontar? Hay diferencias culturales con respecto a temas como: la crianza de los hijos y la disciplina, las relaciones conyugales y el divorcio, las dificultades con los suegros en el contexto de la familia extendida, los roles del hombre y la mujer en el hogar, la elección de cónyuge, etc. Los temas pastorales pueden incluir problemas que afectan a recién convertidos, como: persecución, bautismo, el repudio por parte de la comunidad y familia, la poligamia, etc.

Estos ciclos de retroalimentación permiten conectar el plan de estudios al contexto de la institución teológica y de los egresados. La conexión del plan de estudios al contexto aumenta la probabilidad de que los graduados sean efectivos en las iglesias y campos de misión donde ejercen su ministerio.

Un marco lógico (que comienza con la actividad de la formación teológica, que genera el producto tal y como lo describe el perfil del egresado, para así producir el resultado, que es la capacitación de los graduados para la efectividad en el ministerio dentro sus contextos) hace posible que nos aseguremos del impacto de la educación teológica.

Conclusión

En conclusión: si en efecto, como dice Eugene Peterson, todo ministerio es geográfico (es decir, se encuentra por su geografía en una realidad cultural, política e histórica específica), ¿crees que las instituciones teológicas entienden las realidades y los contextos que enfrentarán sus graduados de modo que puedan capacitarlos adecuadamente? ¿Relacionan intencionalmente su plan de estudios con sus contextos?

Tal vez algunos piensen: ¿no es esto acaso un componente básico de la teoría educativa que debiera reflejarse en la educación en general? El escritor y filósofo americano Walker Percy describe su trabajo artístico de esta manera: "... le estás diciendo al lector, o a tu oyente o expectador, algo que ya saben, pero que no de manera plenamente consciente; de modo que en el acto comunicativo reconocen algo, sienten que ya han estado allí, experimentan la conmoción de reconocerlo."[18] Mi oración es que hayas experimentado algunos momentos así: momentos de reconocimiento.

Para terminar quisiera regresar al ejemplo de Policarpo. Hemos hablado mucho acerca de la efectividad de los egresados en los contextos donde ejercerán su ministerio. En la vida de Policarpo se aprecia otra cualidad que el apóstol Juan se aseguró de cultivar en su discípulo: la fidelidad en medio del contexto.

Al mismo tiempo que Policarpo demostraba su efectividad defendiendo la fe ante las herejías de Marción, su única estrategia al verse confrontado por la teología del Imperio Romano, que exigía la adoración al César, fue la de permanecer fiel. Policarpo sufrió muerte de mártir por negarse a proclamar al César señor. Al enfrentar la hoguera declaró: "Le he servido durante 86 años y él jamás me ha hecho ningún mal. ¿Cómo voy a blasfemar contra mi Rey y mi Salvador?"

La eficacia y la fidelidad son los dos indicadores que demuestran que el plan de estudios está conectado al contexto.

Preguntas para reflexionar

1. El punto de partida para reflexionar acerca del plan de estudios es esta pregunta: ¿Cuál es el propósito de nuestra institución/organización y de sus programas de estudio? ¿Cómo responderías a esta pregunta? Describe una o dos iniciativas que pudieran ayudar a tu institución/organización a reforzar su forma de entender su propósito.

2. La educación de calidad fomenta procesos de evaluación continua de sus estructuras y de su labor por medio de: evaluaciones de las materias y del cuerpo docente por parte de los estudiantes; la evaluación de la organización y administración por parte de la facultad docente, y la evaluación del cuerpo docente por parte del director o deán. Describe alguna de las prácticas de evaluación actuales en tu institución/organización. Piensa en al menos una propuesta para reforzar estos procesos.

---

18. Walker Percy, en Lewis A. Lawson y Victor A. Kramer, ed., *Conversations with Walker Percy* (Jackson, MS: University Press of Mississippi, 1985), 24.

3. Viendo el propósito de la educación teológica en términos misionales consideraríamos que el impacto en la sociedad a través del ministerio de la iglesia es su objetivo final. Por lo tanto, la retroalimentación que aporten las partes interesadas con respecto a éxitos y desafíos en el área de impacto social proporcionarían información muy valiosa para el plan de estudios.

- ¿De qué maneras intenta tu institución/organización recibir retroalimentación de antiguos estudiantes (producto) y de las iglesias donde sirven (resultado)? ¿Dirías que el enfoque principal es hacia atrás (la evaluación del plan de estudios ya completado) o hacia adelante (las tendencias sociales y los desafíos e implicaciones que estas presentan para la estructuración del currículo en el futuro)?

- Existen muchos obstáculos que tal vez impidan que recibamos retroalimentación de relevancia de parte de los líderes de la comunidad (impacto), en particular si el interés de estos en la iglesia local es mínimo o nulo. Describe una o dos estrategias que podrían ayudar a tu institución/organización a recibir y beneficiarse de las observaciones y opiniones de los líderes comunitarios.

- La última etapa en la conexión del plan de estudios con el contexto es la de permitir que la retroalimentación influya en el cambio del currículo. ¿Cuáles son los procesos —si es que los hay— con los que tu institución/organización implementa cambios al plan de estudios como resultado de información recabada de las partes interesadas? Piensa en una o dos maneras en las que se pueda reforzar este proceso.

4

La evaluación: Mi trayecto

Ashish Chrispal
Director Regional de Asia, Overseas Council India

La evaluación del estudiante como instrumento para medir su progreso no es nada nuevo en Asia. Los exámenes forman parte de la cultura educativa asiática. Todavía recuerdo cuando mi hijo, aún por cumplir los tres años, tuvo que ser entrevistado por tres maestros diferentes en tres áreas de un auditorio como parte del proceso de admisión a pre-escolar. Cada niño tenía que recitar un poema infantil, escribir las letras del alfabeto según el maestro le iba indicando, y escribir los números del uno al cien también siguiendo las instrucciones del maestro. Para mi hijo, la experiencia de pre-escolar se vería marcada por una prueba verbal diaria, un test semanal, un test de cada unidad, otro test mensual, un examen trimestral, un examen de mitad de curso, y el examen final. Aunque ahora el gobierno de la India ha prohibido los exámenes de acceso infantiles, se sigue haciendo uso de la cultura del examen para evaluar el aprendizaje en el resto del trayecto educacional. En mi opinión esta práctica genera una actitud negativa hacia la evaluación en todo el ámbito educativo.

Llevo cuarenta y cinco años involucrado en la educación teológica; primero como estudiante, pero la mayor parte del tiempo como maestro. Estoy acostumbrado a ver como los seminarios anuncian sus logros en términos de número de graduados que se han preparado para el pastorado, para la misión o para algún tipo de ministerio cristiano. Pero ahora me doy cuenta de que al hacer esto, se refieren solamente al producto, el cual no demuestra claramente si estamos cumpliendo con nuestra misión y visión o no. En otras palabras, ¿en realidad estamos haciendo lo que decimos que estamos haciendo?

Mi trayecto en la observación de la evaluación educativa comenzó cuando trabajé siete años en una escuela internacional, pero la necesidad de evaluar la misión, visión y metas de nuestra institución teológica se hizo evidente cuando el Overseas Council de Australia y el Seminario Bautista Árabe de Teología en Beirut, me invitaron a participar en el proyecto de evaluación en 2012. Ha sido emocionante aprender como el proceso de evaluación en nuestros seminarios puede ayudarnos a ser fieles, en el sentido más genuino, a nuestro llamado tal y como lo describe Pablo en Efesios 4:7-16. ¿De verdad estamos preparando al cuerpo de Cristo para crecer en madurez conforme a la estatura de Cristo, considerando el gran privilegio de ser discípulos y hacer discípulos de todas las naciones? ¿Estamos siendo agentes de transformación, ayudando a nuestros estudiantes a ser transformados y a ser agentes de transformación en la sociedad? En este pequeño ensayo quisiera compartir algunos resultados específicos de mi aprendizaje al participar con tres escuelas diferentes en el proceso de evaluación de sus programas educativos. El objetivo final es reorganizar el programa de estudios a la luz de la investigación realizada en el proceso de evaluación.

Cinco áreas específicas en la evaluación de impacto

Primeramente, la evaluación es necesaria para mejorar lo que somos y los resutados que pretendemos alcanzar. Sin embargo, más allá de los productos y los resultados se encuentra el vasto territorio del impacto en la sociedad. La pregunta que debemos contestar como educadores teológicos y que sigue surgiendo es: ¿Cuál está siendo el impacto de nuestros egresados en la iglesia, y —a través de la iglesia— en la comunidad y en la sociedad en general?

En segundo lugar, este proceso me ayudó a entender el impacto que la evaluación tiene en nuestros planes de estudio, los implícitos y los explícitos. Un proceso así genera una "cultura de evaluación," que a su vez nos ayuda a rediseñar nuestro currículo y a afinar la misión y visión con cada relevo generacional.

En tercer lugar, el proceso de evaluación optimiza nuestros esfuerzos para el desarrollo holístico de los estudiantes más allá del conocimiento formal y del crecimineto intelectual. Al involucrar a nuestros egresados en la evaluación, y al escuchar lo que necesitan para ser efectivos en su ministerio, vemos que la mente, el corazón y el esfuerzo práctico se convierten en ingredientes cruciales para el ministerio.

Cuarto, la evaluación nos ofrece oportunidades inigualables para investigar cómo se da el aprendizaje entre adultos —en particular, cómo aprenden valores y nuevas perspectivas— además de proporcionarnos la información necesaria para favorcer el desarrollo de estas habilidades. La evaluación también mejora nuestra comprensión de cómo podemos desarrollar los hábitos mentales que deben caracterizar nuestro trabajo.

En quinto lugar, la evaluación nos beneficia porque infunde sentido a los procesos más amplios del programa y de la evaluación institucional. Muchas instituciones de educación teológica quieren estar en boga y cumplir con los requisitos de los órganos de acreditación, o quieren justificar sus programas por medio del proceso de evaluación. Otros se ven tentados de obstaculizar la evaluación por miedo al impacto negativo que esta pueda tener sobre la imagen de la institución. Algunos ven el proceso de evaluación simplemente como una asimilación de procesos administrativos importados del mundo, y por lo tanto le restan importancia. Pero la realidad es que evaluamos a nuestros estudiantes para ayudarles en su aprendizaje. Del mismo modo, la evaluación de la institución es para mejorar nuestros propios esfuerzos de impacto y de formación del cuerpo de Cristo.

Mi propio aprendizaje me hizo ver que el propósito de la educación teológica es misional y que por lo tanto esta debe estar cimentada en la Palabra de Dios y comprometida con el mundo que Dios creó. Esto a su vez fortalecerá a nuestros egresados y a la iglesia a la cual servimos en la labor de ser agentes de la misión de Dios. El proceso de evaluación nos reta a lidiar con la realidad de nuestros objetivos —que debemos lograr por medio de nuestros egreados— y con el propósito de nuestra existencia como instituciones.

Siete cualidades esenciales para la evaluación institucional

Es crucial que consideremos la evaluación como una herramienta, y no como un objetivo en sí misma. La evaluación del programa o de la institución no la realizamos meramente para recolectar información. Nuestros objetivos y valores deben refinarse en base a la información y a los datos que recabemos.

Segundo, la evaluación debe ayudarnos a alcanzar una mejora educativa, además de ayudarnos a establecer nuestro sistema de rendimiento de cuentas. Debemos permitir que la cultura y el proceso de evaluación beneficie los procesos de aprendizaje de nuestros estudiantes y no solo aumente nuestro conocimiento acerca de dichos procesos.

En tercer lugar, nuestro contexto debe guiar los propósitos, objetivos y métodos de la evaluación. A partir de la evaluación necesitamos encontrar el tipo de información que contribuya de manera positiva a nuestros esfuerzos. Debemos aceptar que la educación teológica tiene una dimensión de fundamentos universales, y otra que es contextual, y que ambas son necesarias para que la educación sea relevante.

En cuarto lugar, la información productiva que proviene de la evaluación debe mejorar y promover el análisis comparativo de los varios programas. La multiplicidad de los resultados va marcando la singularidad de la institución misma. En muchos países asiáticos hoy en día la educación teológica se ha convertido en un negocio, y gran parte del currículo está compuesto de contenidos esterotípicos. El proceso de evaluación aporta una dimensión singular para cada institución, que puede, por medio de sus egresados, impactar a las comunidades de su entorno y a su nación.

En quinto lugar, la evaluación ayuda a alcanzar la coherencia de los programas que ofrecemos. Dado que el proceso de evaluación utiliza varios métodos en su indagatoria, nos ayuda a analizar de nuevo nuestros objetivos educativos tanto implícitos como explícitos, y los resultados de los estudiantes.

Sexto, para que la evaluación sea exitosa necesitamos que la información o retroalimentación se comunique de manera crítica. La cosmovisión asiática se ve más afectada por su contexto cultural, y en este sentido es difícil conseguir retroalimentación sincera de parte de los egresados acerca de la facultad docente, el liderazgo y la administración de su alma mater. Sin embargo, para que la evaluación influya positivamente y pueda contribuir a la efectividad de la institución y su programa en el futuro, debe ser sincera y franca.

Finalmente, la evaluación puede obtener mejores resultados cuando se realiza con el objetivo transformativo en mente. Por el contrario, puede tener efectos negativos si se hace meramente para cumplir o para justificar la existencia de la institución.

Creando el contexto para la evaluación

Como instituciones teológicas, Dios nos llama a impactar la vida de las personas a largo plazo. Esto quiere decir que debemos estar comprometidos con un proyecto dinámico para el bien de nuestra institución, y también con una cultura de evaluación transformativa. Esto produce la estabilidad, la relevancia y nos ofrece las herramientas para trabajar productivamente con las complejidades de la planeación estratégica. Lo cual a su vez nos permite crear una atmósfera llena de propósito.

Para definir la dirección a seguir debemos tener en cuenta las inquietudes de la facultad docente, quienes deben de estar de acuerdo con el proceso, ya que los resultados de la evaluación ayudan a los docentes a planear y a trabajar mejor. Necesitamos que exista una conexión entre los objetivos de las asignaturas o materias y la misión y visión de nuestra institución. La información que recoge la evaluación nos provee de ese vínculo directo que ayudará al docente a identificar el propósito del programa y su rol dentro de la institución.

Los educadores son capaces de reconocer la validez y la relevancia de las herramientas e identificar las interpretaciones factibles de los resultados. El involucramiento de la facultad docente en el desarrollo de los instrumentos de evaluación provee de mayor credibilidad a todo proceso. Es decir, el proceso resulta efectivo solamente con la interacción de la facultad docente. El carácter interactivo del proceso mejora también los niveles de participación de los estudiantes y egresados en la evaluación del programa.

Es necesario además, que las definiciones de los criterios y las comparaciones se lleven a cabo de un modo más abierto. Dar a conocer públicamente los criterios de evaluación desarrollados por el cuerpo docente genera consenso en torno a los objetivos, los estándares y los criterios entre todas las partes interesadas.

Esto permite que la institución se conduzca con transparencia; lo cual es muy necesario, especialmente en los contextos donde existe un distanciamiento entre la iglesia y los seminarios.

Para todo lo anterior necesitamos 'traducir' los resultados que encontramos a información relevante y 'activa.' En realidad, cuando la información recogida en el proceso de evaluación se transmite efectivamente, a menudo genera más incógnitas que respuestas. Por lo tanto, los datos recogidos necesitan hacerse inteligibles. El proceso de evaluación debe ayudar a la facultad a discernir los procesos de aprendizaje necesarios para alcanzar los objetivos educativos, a entender las motivaciones de los estudiantes, su crecimiento personal y las habilidades y estilos de aprendizaje de los mismos.

Finalmente, la información recogida debe conducirnos al cambio. Como instituciones, debemos dar el paso del dato a la decisión. Debemos promover la retroalimentación creativa que estimule la mejora de nuestro trabajo. El proceso de evaluación debe llegar hasta lo profundo de nuestra razón de ser y de nuestro plan de estudios, para ayudarnos así a ser más efectivos en lograr nuestra visión y misión de preparar al pueblo de Dios. Todo esto con el fin de que la iglesia sea efectiva al dar testimonio en el mundo, obedeciendo la gran comisión que el Señor Jesucristo nos dejó.

En conclusión, déjenme decirles, que nosotros, como instituciones teológicas que servimos al Señor y a su iglesia, tenemos la gran responsabilidad de formar a agentes transformadores para la misión de Dios en el mundo. El proceso de evaluación nos ayudará y mejorará nuestro ministerio para que sea efectivo y tenga un impacto al interactuar con personas en diferentes esferas dentro y fuera de la iglesia

Preguntas para reflexionar

1. ¿Qué crees que quiere decir Ashish cuando habla de una "cultura de evaluación" que influye el currículo tanto en lo implícito como en lo explícito? Describe una o dos iniciativas que tu organización podría llevar acabo para promover una cultura de evaluación.

2. La mayoría de las instituciones educativas enfatizan primeramente la evaluación del conocimiento formal y el crecimiento intelectual, sin embargo, Ashish considera el panorama holístico de "la mente, el corazón y el esfuerzo práctico" como algo crucial en la formación para el ministerio. ¿Hasta qué punto sus actuales procesos de evaluación toman en cuenta la mente (lo cognitivo), el corazón (lo afectivo) y práctico (la conducta)? Piensen en una o dos maneras en que puedan promover con mayor éxito e implementar la evaluación de una formación más holística.

"Debemos permitir que la cultura y el proceso de evaluación beneficie los procesos de aprendizaje de nuestros estudiantes y no solo aumente nuestro conocimiento acerca de dichos procesos." Describe una o dos maneras en las que una evaluación más significativa logre impactar no solamente la estructura del plan de estudios en general, sino también la calidad de la enseñanza en las aulas, obteniendo como resultado final un aprendizaje holístico más sólido.

4. "En muchos países asiáticos hoy en día la educación teológica se ha convertido en un negocio, y gran parte del currículo está compuesto de estereotipos." ¿Hasta que punto consideras que esta descripción negativa podría aplicarse al plan de estudios en tu institución? ¿De qué formas han intentado innovar para que su currículo sirva mejor a la misión de la iglesia dentro de su contexto?

5. El cambio más significativo solo puede llevarse acabo si la facultad docente está de acuerdo. ¿Cuáles son algunas de las medidas que podría tomar tu institución/organización para promover la aprobación del proceso de evaluación, y los cambios resultantes para el plan de estudios, entre la facultad docente?

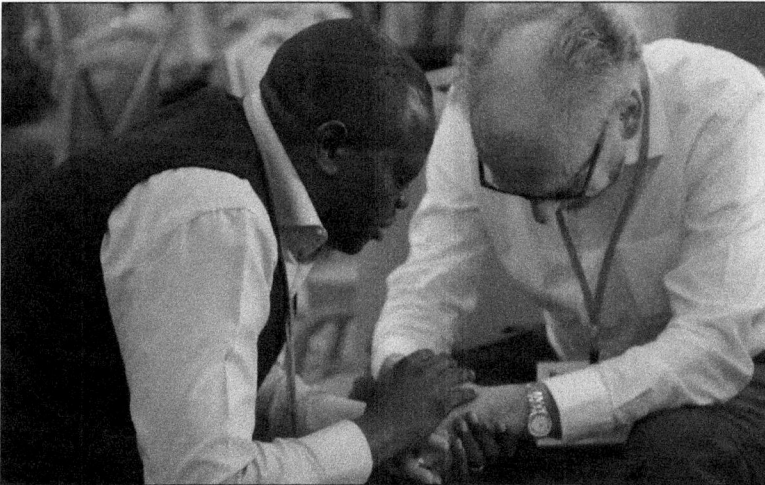

Parte II

Testimonios del campo educativo

Instituciones que evaluaron su contexto y cambiaron sus currículos

Pasamos ahora, de las cuestiones más teóricas acerca de la investigación del contexto para reorganizar los currículos, a dar cuatro ejemplos prácticos de cómo se ha llevado a cabo dicha investigación. Estos análisis de casos se han seleccionado de entre diez seminarios que hicieron sus presentaciones en la conferencia trienal de ICETE en 2015.

Cada una de las diez instituciones iban ya preparándose desde uno o dos años antes de que se las seleccionara para el esfuerzo intensivo de 2014 y 2015. Sin embargo, a todas ellas les parecía que quedaba mucho trabajo por hacer para alcanzar las metas en menos de dos años y estar listas para sus presentaciones en Antalya. Debían determinar el alcance de lo que querían lograr, trabajar con las partes interesadas, planear su investigación y realizarla, organizar talleres de carácter curricular, y decidir qué cambios debían hacer.

Como podrás ver, las cuatro instituciones siguientes han concluido su tarea solo hasta cierto punto. Ninguna de ellas ha podido analizar los cambios después de implementarlos. Sin embargo, un aspecto estratégico clave es que dichos cambios se basan en la investigación que ellas mismas han efectuado. Las modificaciones del plan de estudios no las ha determinado ninguna teoría, sino que más bien la teoría se ha formado de los resultados obtenidos. Este es un concepto clave, ya que nos permite ser objetivos a la hora de decidir, dejando patente lo imperioso del cambio y propulsando el proceso de modificación.

Observarás que cada ejemplo práctico de esta sección termina en una posición muy distinta. Cada una de las instituciones implementará cambios diferentes, y todos ellas planean su nuevo currículo con originalidad. El ejemplo de la India acaba profundizando en los elementos no académicos de su programa. El de Sri Lanka desvela los matices de la conducta del personal del centro y como resultado "son despedidos" algunos de sus miembros. El ejemplo colombiano, por su parte, ayudó a rehacer el plan de estudios para abordar la importante cuestión de los desplazados y sus necesidades en el país. Y el de Zimbabue dio como resultado un diseño completamente nuevo del programa, que pudiera contribuir a cambiar la cosmovisión africana de los estudiantes por una visión bíblica del mund pero integrada en el contexto africano.

Esta variedad de cambios es precisamente lo que se busca y se necesita. No hay dos seminarios que tengan el mismo contexto ni el mismo llamamiento de Dios. De modo que cada uno puede esperar alguna diferencia con respecto a los otros a la hora de acometer la investigación y de determinar cómo debe responder a su contexto y a su vocación particular.

Con las preguntas que aparecen al final de cada capítulo te invitamos a considerar tu propio contexto y los procedimientos que podrías explorar en tu trayecto hacia un nuevo currículo más adecuado.

5

La experiencia colombiana:
Investigación en un contexto de desplazamiento

Jhohan Centeno
Profesor, Fundación Universitaria Seminario Bíblico
de Colombia

La iglesia evangélica colombiana es una iglesia variada que sirve en diferentes contextos sociales y diferentes realidades. Una de las realidades a las que se enfrenta es la de los desplazados. "Indudablemente, el desplazamiento forzoso constituye una experiencia social muy violenta y subjetiva que, por desgracia, forma parte de la configuración histórica de la memoria de Colombia"[1]. En medio de esta dura realidad sociopolítica, la institución educativa Fundación Universitaria Seminario Bíblico de Colombia (FUSBC) combina el desarrollo de su labor investigadora con las realidades de este contexto, tomando en cuenta los factores institucionales y eclesiales. Por un lado, existe la necesidad de contribuir al reforzamiento del tejido social para cumplir con uno de los aspectos de nuestra misión institucional; y, por otro, está el imperativo de proporcionar a los estudiantes una mejor comprensión de los problemas del país, como componente alternativo de la preparación para el ministerio, que contribuya a una labor eclesiástica más pertinente para la realidad del

---

1. J. D. Demera, "Ciudad, migración y religión: Etnografía de los recursos identitarios y de la religiosidad de los desplazados en altos de Cazucá", Theologica Xaveriana (2007):304.

contexto colombiano. Además de esto, se encuentra la realidad de las iglesias pentecostales, que son mayoritarias en la escena eclesial colombiana.

Este es el marco dentro del cual se creó en el FUSBC el Grupo Estudiantil de Investigación Dirigido por Instructor (GEIDI) sobre el pentecostalismo, como instrumento para estudiar la realidad de las iglesias de trasfondo pentecostal. Desde 2012 este grupo ha estado estudiando la iglesia pentecostal colombiana y, mediante la investigación bibliográfica y las observaciones de campo, ha tratado de comprender lo que se ha dado en llamar el "fenómeno pentecostal". En 2014, el GEIDI estudió el trabajo de los pentecostales entre la población del país que se había visto obligada a desplazarse por causa de la violencia. El propósito de dicho estudio era doble: primeramente, hacer más visible la acción social de las iglesias pentecostales en Colombia; y, en segundo lugar, responder a ciertos enfoques académicos que afirman que el pentecostalismo niega la realidad actual.[2] La respuesta investigativa se asienta sobre una base interdenominacional, pero ha contado con participación pentecostal.

Acometer el estudio del fenómeno pentecostal requería una metodología abierta que siguiera las pautas comunes a la sociología y al estudio de los grupos de población. Se comenzó con un repaso de la literatura acerca del pentecostalismo en Colombia, al que siguió el análisis de algunos enfoques sobre el movimiento pentecostal chileno; el cual, además de haber experimentado un crecimiento inhabitual, se ha estudiado mucho. Una vez establecida la base teórica, el desarrollo se hizo en paralelo siguiendo diversas metodologías de investigación. Se efectuó un estudio cuantitativo de varias congregaciones de Medellín y el valle de Aburrá, además de encuestas a los dirigentes de ciertas iglesias catalogadas como iglesias pentecostales tradicionales.[3] Los estudiantes que participaron —de varias regiones y trasfondos eclesiales— hicieron diversas observaciones acerca de las iglesias estudiadas; y, combinando los datos con la recopilación de esta información, los participantes en el GEIDI han adquirido una mejor comprensión del fenómeno pentecostal.

---

2. Este enfoque se basa principalmente —en español—en el libro *El refugio de las masas*, de Lalive d'Épinay, al que siguen bastantes autores cuando escriben acerca de la iglesia evangélica en América Latina.

3. La definición de "pentecostal tradicional" se hace siguiendo las líneas teológicas —no litúrgicas— en que se basa Donald W. Dayton en *Theological Roots of Pentecostalism* (Peabody, MA: Hendrickson, 2000).

Partiendo de este trabajo de investigación se ha llegado a algunas conclusiones iniciales acerca de la teología, liturgia y obra social de las iglesias pentecostales en Colombia. Cuando consideramos el alcance del trabajo social de estas iglesias, hemos de entender que la labor teológica pentecostal no se expresa mediante una formulación doctrinal escrita, sino más bien mediante una práctica por lo general litúrgica. En su mayor parte, la obra social de las iglesias pentecostales entre los desplazados comienza en el contexto de la adoración. Las iglesias pentecostales colombianas están integradas en todos los sectores de la sociedad, pero predominan de un modo especial en los sectores marginales de la periferia, donde experimentan un crecimiento significativo; no constituyendo megaiglesias, sino mediante la proliferación de grupos pequeños. Algunos autores afirman que, "en las iglesias pentecostales, los fieles encuentran comunidades nuevas de apoyo social, nuevas estructuras y valores familiares, y también aprenden una nueva autodisciplina y a confiar en Dios. Todo esto los anima a salir adelante y adaptarse a un mercado laboral que es inseguro e impredecible".[4] Esto resulta muy pertinente para la comprensión y la práctica ministerial; especialmente porque "una persona desplazada por la violencia en Colombia, en vez de expulsar a Dios de su vida por todo el sufrimiento que ha tenido que soportar, lo recibe tanto más y reconoce con mayor claridad el poder de lo Divino en su vida".[5]

Estudiar la obra social de las congregaciones pentecostales ha llevado a los participantes en el GEIDI a tratar de comprender otros aspectos de la esa iglesia; tales como su liturgia, su enseñanza teológica y su integración en la sociedad. Indagar acerca de una iglesia que trabaja en medio de circunstancias adversas, y aprender de ella, contribuirá a la formación integral ofrecida por aquellas instituciones convencidas de que deben servir a Dios, a la iglesia y a la sociedad como parte de su misión.

---

4. M. Lindhardt, "La globalización pentecostal: difusión, apropiación y orientación global", "Cultura & Religión (2011):119.
5. N. Mafla, "Función de la religión en la vida de las víctimas del desplazamiento forzado en Colombia" (Tesis doctoral, Universidad Complutense de Madrid, 2012), 161.

Preguntas para reflexionar

La FUSBC ha tratado de conectar el plan de estudios y el contexto mediante un Grupo Estudiantil de Investigación Dirigido por Instructor (GEIDI), concentrándose en las pautas de vida comunitaria evidentes en la iglesia pentecostal colombiana.

1. ¿Cuáles son una o dos de las cuestiones más urgentes que, según tú, debería estudiar tu institución/organización si quisiera acometer una investigación de campo significativa en tu contexto? ¿Por qué crees que esas cuestiones son importantes?

2. La FUSBC considera imperativo el esfuerzo conjunto de profesores y estudiantes para llevar a cabo investigaciones de contexto. ¿Qué profesores te parece que podrían ser claves para dirigir un equipo de investigación así si tuvieras que formar uno? ¿Cómo podrías hacer que tus estudiantes se comprometieran de un modo responsable en este tipo de investigación?

6

La experiencia de la India:
Conscientes de las lagunas

Havilah Dharamraj
Decano académico del South Asian Institute
of Advanced Christian Studies, India

El SAIACS llevó a cabo una Revisión del Currículo Basado en la Investigación (RCBI) de su programa insignia: el MTh (Máster en Teología). Realizamos el sondeo de una muestra de exalumnos desde el año 2000 en adelante, utilizando encuestas y discusiones por grupos. Elaboramos cuestionarios separados para los dos grupos encuestados: los exalumnos y sus lugares de ministerio. En esta última categoría, generamos cuestionarios distintos para los empleadores, compañeros de trabajo y empleados.

Los resultados iniciales del sondeo pronto se convirtieron en una avalancha de información, y nuestra defensa para no quedar sepultados en ella fue echar mano de un juego de cinco marcadores de colores distintos. De este modo pudimos identificar las principales tendencias que se apreciaban.

Primeramente, permíanme esbozar el procedimiento que seguimos y, luego, nuestra manera de analizar los resultados. Partiendo de los datos, identificamos cinco tendencias que nos hicieron ver tanto nuestros puntos fuertes como las áreas que debíamos mejorar. He aquí parte de la historia…

Procedimiento

1er Paso: Recopilación de datos partiendo del sondeo online y de los grupos encuestados

- Tiempo empleado: un mes
- Personal utilizado: el administrador académico, un recopilador del material online y dos transcriptores

2º Paso: Identificación de las tendencias más importantes

- Tiempo empleado: un mes
- Personal utilizado: el director, el decano académico, el decano estudiantil

Tendencias más importantes identificadas por las preguntas que obtuvieron más comentarios.

Tendencias

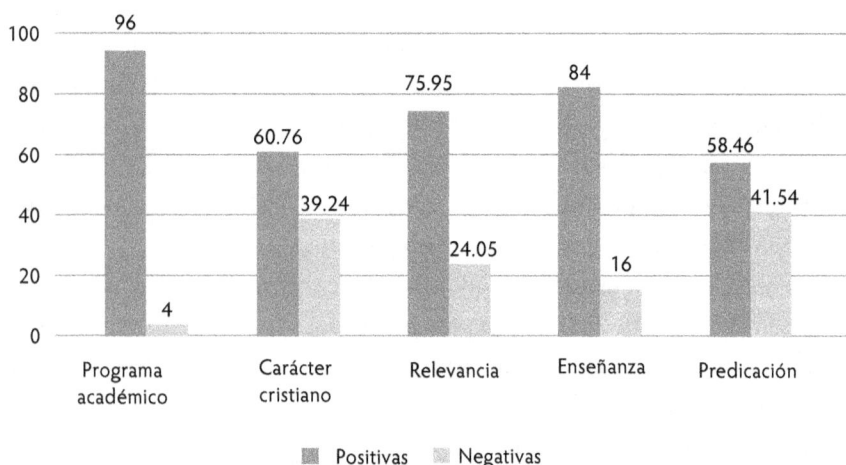

Las respuestas acerca del programa académico de la facultad revelaron el porcentaje más alto de satisfacción con el currículo en general, como indica el análisis siguiente.

3er Paso: Análisis de la tendencia

- Tiempo empleado: un mes

- Personal: el administrador académico, el director, el decano académico y el decano estudiantil

4º Paso: Actuación

La actuación pertinente para cada tendencia se muestra después de la discusión de dicha tendencia.

1ª Tendencia: El programa académico

Comentarios incluidos:
- la clase de fervor académico manifestado por los graduados de la SAIACS es digna de encomio
- seguros en sus temas de discusión
- sus convicciones son evangélicas
- tienen aptitudes para destacar en la educación superior
- se sienten agradecidos de que varios de nuestros profesores sean titulados de la SAIACS
- la contribución de la SAIACS a la educación teológica evangélica no tiene parangón
- un exalumno de la SAIACS nos ayudó a revisar nuestro currículo y nuestro programa didáctico… explicó la declaración misionera, objetivos…

Identificación de los elementos principales de la tendencia:
La SAIACS está prestando un buen servicio a la iglesia mediante la enseñanza académica. Específicamente con:
- la investigación independiente
- el pensamiento crítico/la capacidad analítica
- la objetividad intelectual
- el conocimiento de los temas
- el pensamiento estratégico

Lo que se infiere de ello es que este aspecto de la vida de la facultad tiene buena salud, por tanto:

Actuación: ¡Adelante! Sigamos así!

2ª Tendencia: La formación del carácter cristiano

Comentarios incluidos:

Lo que el graduado de la SAIACS hace bien:

- realiza de buen grado las tareas domésticas —como limpiar los aseos—, pero no para recibir la aprobación de otros
- mantiene una buena relación con el personal y los estudiantes… muy buen trabajador en equipo
- es humilde… dispuesto para hacer cualquier cosa
- trabaja diligentemente
- recorre 'la segunda milla' para ayudar a los estudiantes y colegas en necesidad
- es honrado, sincero y comprometido (creemos que la SAIACS ha alimentado estos rasgos del carácter)
- anima a los demás
- pasó varias noches en el hospital atendiendo a un estudiante con ictericia
- está abierto al consejo de los líderes
- trabaja duro de manera desinteresada

De vez en cuando oímos a los estudiantes decir que, debido al rigor académico, se sienten tentados a relegar su formación espiritual. Hemos descubierto que esto podría ser verdad en algunos de nuestros graduados.

Lo que puede mejorar:

- empezó bien pero no pudo terminar igual
- tiende a buscar la comodidad después de haber estado en un sitio cómodo como la SAIACS
- sabe lo que hay que hacer, pero no lo termina
- es rígido… necesita ser flexible

Identificación de los elementos principales en la tendencia:

Lo que la SAIACS hace bien:

- vivir en un ambiente de igualdad –18%
- los grupos de célula/las cenas de compañerismo – 24%
- un campus que respeta la naturaleza – 15%
- una comunidad solícita que comparte– 15%

Lo que podría mejorar:

- ayudar de manera intencional al desarrollo espiritual
- orientación/consejo personal
- compromiso en integrar lo académico y lo espiritual

De estos resultados heterogéneos inferimos que se necesita una actuación en esa área. En realidad, ya nos habíamos dado cuenta de esta tendencia aun antes de realizar el sondeo, y habíamos comenzado a actuar para remediarla. Los resultados de nuestro sondeo confirman que estábamos dando los pasos adecuados.

Actuación correctora: La SAIACS necesitaba acentuar más la formación del carácter cristiano. Para ello se introdujo un programa de "retiro espiritual como parte del quehacer diario", así como un sistema de mentoreo en los grupos de célula.

3ª Tendencia: La relevancia para el ministerio en Asia del Sur

Incluir habilidades para el liderazgo y más reflexión sobre la misión de la iglesia.

Los empleadores, compañeros y empleados dijeron:	Los graduados de la SAIACS dijeron:
Los graduados de la SAIACS son misioneros eficientes.	Me gustaría haber conocido mejor las agencias misioneras cuando estaba en la SAIACS.
Por favor, enseñen a sus estudiantes los retos actuales de las misiones.	La SAIACS alentó en mí una pasión por contextualizar el evangelio y hacerlo pertinente.
Este graduado de la SAIACS es un visionario en el campo misionero.	Me hubiera gustado tener una experiencia de primera mano en las misiones transculturales, viajando a los campos de misión.
La SAIACS necesita equilibrar lo académico con los temas de la vida real.	Ojalá me hubieran enseñado cómo administrar la iglesia y gestionar sus recursos.
La SAIACS trata con excelencia los temas de conocimiento, relacionando lo que se aprende en clase con cuestiones que se plantean en el marco del ministerio local.	Me hubiera gustado estudiar más sobre cuestiones éticas actuales.
A los graduados de la SAIACS se les puede confiar sin reparos la responsabilidad de nuevas iniciativas.	Me hubiera gustado tener ayuda para relacionar lo aprendido en clase con las cuestiones que surgen en el marco del ministerio local.
Los graduados de la SAIACS necesitan interesarse más por los temas relacionados con la justicia.	Quisiera haber estudiado acerca las cuestiones morales.

Los graduados de la SAIACS son imaginativos en la enseñanza, capaces de comprender el contexto y de adaptar debidamente el tema a su audiencia.	
La SAIACS debe ser capaz de integrar las diversas disciplinas para el beneficio de la misión.	
Los exalumnos de la SAIACS no entienden la cultura de su vecindario.	
Los estudiantes de la SAIACS se desempeñan realmente bien aun en las situaciones estresantes.	
Los graduados de la SAIACS tienen excelentes aptitudes de liderazgo.	

Selección de los principales elementos de cada tendencia:

Lo que la SAIACS está haciendo bien:
- Inculcar celo por las misiones
- Capacitar para el liderazgo

Lo que la SAIACS puede hacer mejor:
- Exponer a los estudiantes a la obra misionera
- Integrar los temas académicos con las cuestiones de actualidad

Deducción: más resultados negativos que positivos; se necesita actuación correctora.

Actuación: La tercera tendencia resultó ser una mezcla de bueno y malo. Con el lema de "Excelencia para la misión" para esta tendencia quisimos evaluar la eficiencia de nuestros exalumnos en el campo misionero...

- La SAIACS podría integrar mejor lo académico y el contexto de Asia del Sur.
- A consecuencia de estos resultados, se introdujo una asignatura de "Aprendizaje fundamentado en el contexto", con nivel de Máster, y se aumentó el número de expertos en el campo misionero como profesores de Misión.
- En el nivel de Máster en Teología se precisa una concentración intencionada en las cuestiones de actualidad y de contexto.

La tercera y cuarta tendencias se trataron de un modo similar.

Resumen de los resultados

Hemos identificado, analizados y discutido sistemáticamente, una por una, las cinco tendencias que habíamos aislado entre la avalancha de respuestas, y este es el resumen de nuestros hallazgos y de la actuación que hemos iniciado al respecto.

Mirando atrás, consideramos la RCBI como uno de los ejercicios más interesantes —y, desde luego, más productivos— que hemos acometido. Lo recomendaríamos sin vacilar como algo saludable a cualquier institución de educación teológica.

- *1ª Tendencia*. En lo académico la SAIACS está prestando un buen servicio a la iglesia.
- *2ª Tendencia*. En cuanto a la formación del carácter cristiano, necesitamos enfatizar más esa área.
- *3ª Tendencia*. En relación con su relevancia para el ministerio en Asia del Sur, podríamos adaptar mejor lo académico con el contexto de esta parte del mundo.
- *4ª Tendencia*. En cuanto a la enseñanza, la SAIACS podría preparar a los estudiantes en ese campo.
- *5ª Tendencia*. Necesitamos hacer más en cuanto a la preparación de los estudiantes en el arte de predicar.

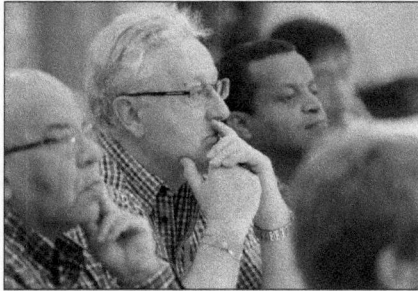

Preguntas para reflexionar

El informe de la SAIACS documenta un procedimiento en cuatro pasos para trasladar la investigación a la acción: (1) recopilación de datos; (2) identificación de las tendencias importantes; (3) análisis de esas tendencias; (4) actuación.

1. Para que el procedimiento sea eficaz deb de quedar claro quién será el responsable en cada paso. ¿Quién te parece que sería la persona más adecuada para hacerse cargo de dirigir y/o de facilitar cada una de las cuatro fases sugeridas desde la investigación hasta la acción en tu institución?

2. Puesto que finalmente son los profesores quienes tienen que implementar el cambio del currículo, ¿cuáles son algunas maneras claves de garantizar que tus docentes hagan suyo ese cambio?

3. ¿Cuáles prevés que podrían ser los principales obstáculos para acometer con eficacia algunos de los pasos sugeridos o todos ellos? Menciona una o dos formas de vencer dichos obstáculos.

7

La experiencia de Zimbabue:
Recorrido hasta la madurez

Ray Motsi, Presidente, y Robert Heaton, Decano académico
Theological College of Zimbabwe

Estamos en la cima de la montaña y tenemos sentimientos encontrados acerca de ello. Por un lado, nos sentimos eufóricos por haberlo podido llegar hasta aquí; mientras que, por otro, albergamos cierta aprehensión acerca del futuro.

Trasfondo

Todo empezó en la conferencia de Beirut, donde conocimos el Seminario Bautista Árabe de Teología (ABTS), que acababa de terminar la enorme e increíble tarea de diseñar un plan de estudios propio, flexible y contextualizado. Nos preguntábamos si algunos de nosotros, que habíamos utilizado siempre el currículo clásico iniciado por los misioneros, seríamos realmente capaces de abandonarlo sin sentirnos en modo alguno como traidores o desleales hacia nuestros fieles padres fundadores. Nos aseguraron que contaríamos con cierta ayuda de parte de aquellos que tenían lazos con los misioneros y que llevaban más tiempo transitando por este camino. El Dr. Perry Shaw, quien había dirigido el proceso en el ABTS, estuvo más que dispuesto a venir a Zimbabue y nos inició en este largo y tortuoso viaje. También nos visitó el Dr. John Jusu, del *Overseas Council International* (OCI), el cual habría de permanecer en espera y disponible hasta que necesitáramos su apoyo para animar a aquellos que tuviéramos dudas o sintiéramos miedo a lo desconocido.

El OCI, con su apoyo generoso como siempre, nos incentivó proveyendo un patrocinio para ayudarnos a llevar a cabo el proyecto.

Cuando volvimos a casa, lo primero que hicimos fue diseñar una gráfica Gantt que mostrase claramente el camino hacia donde nos dirigíamos; cómo llegar hasta allí; los pasos importantes que debíamos dar; la cronología de la operación; y las herramientas necesarias para realizarla. Seguidamente, consultamos con el Dr. Shaw y el Dr. Jusu para saber cuándo podían visitarnos en Zimbabue. Una vez decidido esto ya no hubo vuelta atrás. Por así decirlo, habíamos quemado las naves.

Autoría y responsabilidad

Mientras que el Dr. Robert Heaton, como decano académico, era el impulsor principal del proceso y la persona a quien los entrevistadores y profesores debían informar, el Dr. Ray Motsi, como cabeza de la institución, tenía la supervisión de todo el proyecto en lo concerninente a la comunicación con la Junta Directiva, la búsqueda de los recursos económicos, y la dirección que el proyecto tomaría. La comunicación era algo decisivo, porque todos tenían que saber quién estaba al frente de cada tarea y a quién debían de acudir si tenían alguna pregunta. También nos aseguramos de que todo el mundo supiera que la responsabilidad era de todos, ya que se trataba de un proyecto del *Theological College of Zimbabue.*

Luchas territoriales

En términos de asuntos domésticos, la Junta Directiva ya nos había pedido que escribiéramos un nuevo currículo. El problema estaba en que nuestra costumbre había sido siempre la de "copiar y pegar" basándonos en el plan de estudios iniciado por los misioneros, de modo que contábamos ya con unos cincuenta y seis módulos para todo el programa de grado en Teología, y los estudiantes no podían con tanto trabajo. Aunque era demasiado, no era fácil lograr un cambio, ya que cada vez que intentábamos reducir el currículo los diferentes departamentos trazaban su línea y defendendían su territorio. La revisión del plan de estudios basado en la investigación nos brindó una oportunidad importante y abrió el camino para llevarlo acabo con objetividad. La *Africa Evangelical Fellowship* (ahora *Servants in Mission*) había creado el Consejo de Enseñanza de Zambia (TCZ, por sus siglas en inglés) en 1979, y salvo una pequeña contextualización de las asignaturas, no habíamos cambiado nunca el marco del currículo de manera significativa. Sin embargo, desde la Independencia en 1980, nuestro contexto había cambiado, y hacía mucho que se necesitaba un proyecto de revisión.

Empezamos convocando una reunión con todos los profesores, para explicarles el desafío lanzado en Beirut, lo que habíamos decidido hacer y cómo lo haríamos. Gracias a Dios, la mayoría del profesorado se mostró abierto y dispuesto a participar; aunque, como es natural, unos pocos no estaban seguros de por qué necesitábamos cambiar.

Estudio de mercado

Decidimos seleccionar a seis grupos de personas entre las partes interesadas del TCZ para entrevistarlas: pastores que habían sido alumnos, antiguos alumnos que trabajaban en organizaciones paraeclesiales, pastores y líderes no pertenecientes al TCZ, iglesias con obra social, estudiantes y empresarios cristianos. Luego ideamos un cuestionario para cada uno de esos seis grupos; seleccionamos a estudiantes, miembros del personal y antiguos alumnos, y los capacitamos para que hicieran las entrevistas. Tras la capacitación hicimos una primera ronda de prueba. Diseñar los cuestionarios no fue tarea fácil; ya que queríamos asegurarnos de obtener, mediante las preguntas, aquello que deseábamos saber sin influir en los entrevistados, y también asegurarnos de que la investigación fuera participativa y genara diálogo. También eran importantes para nosotros los criterios de claridad y objetividad. Este proyecto piloto puso de relieve algunas debilidades, las cuales tratamos de corregir preparando mejor a los entrevistadores antes de que comenzaran su investigación de campo principal.

Análisis

Una vez terminada la investigación principal, el siguiente paso importante fue analizar y comprender los datos en bruto aportados por los distintos grupos. Se trataba de otra etapa en la que precisábamos no apartarnos de la objetividad ni de la idea inicial. Por desgracia no todas las respuestas se registraron del mismo modo, aunque los resultados se compilaron en un borrador de la investigación, juntamente con algunas ideas preliminares acerca de la forma y el contenido que debería tener el nuevo currículo. Todo esto se compartió con los profesores.

Resultados

A partir de las discusiones mantenidas, diseñamos y elaboramos un modelo de currículo completamente nuevo, basado en nuestro contexto y pertinente para nuestro mercado: la iglesia. El último paso consistió en llevar a cabo un taller de dos días y medio con el profesorado a fin de trabajar sobre el procedimiento de diseño del currículo. Además de deshacernos de algunas asignaturas antiguas y de añadir otras nuevas, cambiamos el sistema trimestral de los cursos por uno semestral. Nos ha sorprendido lo flexible que es este nuevo marco, el cual nos da la posibilidad de enseñar las asignaturas de manera cíclica. Los estudiantes pueden así incorporarse a la facultad en cualquiera de los semestres y elegir entre una variedad de asignaturas. También nos ha resultado alentador el comprender que este modelo de currículo producido por nuestro seminario puede adaptarse a otros muchos contextos fuera de Zimbabue.

Conclusion

Ahora ya no podemos culpar a los misioneros de los aspectos negativos que pueda tener el plan de estudios, ya que lo elaboramos nosotros mismos. La autoría conlleva responsabilidad. Por eso dijimos al principio que estamos en la cima de la montaña, pero un poco nerviosos. Mientras aprendemos lo que implica la evaluación contínua de este currículo, seguiremos navegando por aguas desconocidas.

Damos gracias a Dios por la oportunidad de participar en este proyecto, y por todo el apoyo recibido. Gracias al OCI y al ICETE por habernos animado a madurar y a ser responsables de lo que hacemos y de cómo lo hacemos.

Testimonios de nuestro recorrido
Una conversación relevante

En febrero de 2015, el Dr. Ray Motsi, presidente del TCZ, predicó en la capilla acerca de los desafíos que lanza Pablo en Gálatas a repensar nuestra cosmovisión y a alinearla con Cristo y las Escrituras (p. ej. 3:1-4; 4:8-11) y como estos se aplican claramente a nuestro contexto en Zimbabue. La cosmovisión africana y la cosmovisión cristiana entran a menudo en conflicto. El sincretismo es un problema importante en la iglesia africana, lo cual nos ha motivado como facultad a esbozar un nuevo currículo basado en la transformación de cosmovisiones (ver Apéndice al final del capítulo). Partiendo de esta idea hemos creado un grado en Teología (BA) revisado, de tres años, utilizando temas referentes a las cosmovisiones para cada curso, de modo que todas las asignaturas del primer curso abordan el tema de la "aproximación a la cosmovisión cristiana" con dos preguntas en mente: *¿Dónde estoy/estamos y de dónde venimos? Y ¿Quién soy/somos en Cristo?*

El segundo curso, con su "presentación de la cosmovisión cristiana", explora esta última desde la perspectiva de una transformación personal, familiar y ministerial, buscando las implicaciones que tiene para el liderazgo y el ministerio. Y el tercer curso, bajo el título de "aplicación de la cosmovisión cristiana", considera la pregunta *¿Dónde debemos estar?* a través de dos perspectivas paralelas: la de la iglesia y la de la sociedad. Estas preguntas, analizadas desde el punto de vista personal, comunitario y nacional, se estudiarán en cada asignatura que se imparta ese año. Al identificar la necesidad de abordar nuestra cosmovisión africana, el Dr. Motsi nos proporcionó sin darse cuenta la idea apropiada para crear una magnífica herramienta de revisión del currículo.

Cómo este proyecto encajaba con otras cuestiones

Aproximadamente seis meses después de haber comenzado el proyecto de revisión del currículo, en marzo de 2014, el TCZ tomó la decisión de solicitar permiso al Gobierno para constituirse como universidad privada —porque nos parecía que la afiliación a otra universidad local que se nos había requerido recientemente nos limitaría demasiado—. Un seminario hermano en Harare, el *Harare Theological College* (HTC), cuyo Presidente de la Junta Directiva es también casualmente miembro del Consejo de Administración del TCZ, expresó su interés en unirse a nosotros en el proyecto de la universidad. A medida que las conversaciones fueron avanzando, su director y su decano académico tomaron parte con nosotros en la preparación del ejercicio de revisión, y participaron muy significativamente en el taller final de abril de 2015, en el cual se determinó la estructura del plan de estudios. Así que el nuevo programa de licenciatura se ofrecerá en ambos seminarios, que serán los dos campus (de Harare y Bulawayo) de la *Zimbabue Evangelical Theological University* (ZETU). Al mismo tiempo, también invitamos a otras tres escuelas —el *Ekuphileni Bible Institute*, la *Christian Open Bible School* y el *Rusitu Bible College*— que están ofrecen el Diploma Avanzado en Teología a unirse a nosotros para el taller del mes de abril. De modo que este proyecto de revisión se convirtió en un hito histórico, ya que no sabemos de ningún otro seminario en Zimbabue que haya llevado a cabo algo parecido antes, o que haya reunido a cinco instituciones.

Lo que reveló la investigación

Para ser sinceros, la investigación no deparó ninguna sorpresa; meramente confirmó y formalizó lo que la facultad docente ya sabía. La demanda de formación profesional en otros campos (tales como electricidad, construcción o carpintería) para proporcionar ingresos a los pastores, por ejemplo, no era nada nuevo. Aun reconociendo la lógica de un cambio así, la facultad consideró que ese tipo de preparación requeriría más personal y recursos en equipamiento y material, así como más tiempo. Nos pareció además que ello supondría duplicar el trabajo de otras instituciones que ofrecen esa formación de manera más competente de lo que lo haríamos nosotros.

Tampoco era nueva la demanda de contenidos más amplios en las áreas de administración, liderazgo y consejería. Estas asignaturas prácticas se imparten a un nivel básico, pero los estudiantes y graduados a menudo se dan cuenta de la importancia que tienen cuando experimentan las exigencias del ministerio. Como es natural, siempre viene bien seguir profundizando; por lo tanto en el nuevo currículo se ha hecho un esfuerzo por dedicar más horas a su enseñanza. Por lo menos pueden añadirse diez horas adicionales para Consejería, y algunas otras clases opcionales de Liderazgo y de Administración. Además, una nueva asignatura optativa —Temas Actuales— concebida para abordar diversas cuestiones ministeriales (tanto positivas como negativas) de forma interdisciplinar, serviría para tratar una serie de temas relacionados. Más allá de la investigación, la interacción informal entre el profesorado del TCZ y el HTC proporcionó un ámbito más amplio de reflexión y la posibilidad de afinar ideas alternativas. La investigación, por su parte, incitó a estas conversaciones y motivó a pensar de manera creativa. Tras idear un nuevo modelo de currículo que destacaba la necesidad de mudar de la cosmovisión africana a la cristiana, el profesorado pudo comprender lo profundo del cambio requerido. Esa comprensión supone, como es natural, un tránsito para los docentes, que ahora se enfrentan al desafío de replantear sus materias y adaptarlas al nuevo modelo, en vez de seguir haciendo las cosas como se han hecho siempre. La revisión del currículo ha dado como resultado un programa de grado (Licenciatura) más pertinente para nuestro contexto, el cual, si Dios quiere, contribuirá a la transformación de la educación teológica en Zimbabue. Esperamos poder animar a otras instituciones a que, a su debido tiempo, lleven a cabo sus propios proyectos de revisión basados en la investigación.

Preguntas para reflexionar

1. Dos elementos claves para la eficacia de un cambio curricular basado en la investigación que se mencionan en este capítulo son la autoría y la responsabilidad. Haz una lista de diferentes grupos de personas de tu propia institución que necesitan adquirir un sentido de "autoría" y hasta qué punto; y otra de quiénes son las personas "responsables" claves y cuáles serían sus áreas de responsabilidad.

2. El TCZ tuvo que hacer frente a algunos conflictos de carácter territorial entre departamentos, que se pudieron superar mediante una visión compartida del plan de estudios y mediante cierto grado de negociación, ¿en qué medida prevés encontrarte con esa clase de conflictos si se realizara un cambio en el currículo de tu escuela? Sugiere algunos medios para evitar o suavizar tales conflictos, de modo que el cambio se efectúe de manera más sosegada.

3. El tema determinante del nuevo TCZ es la transformación de su cosmovisión. Se trata de guiar a los estudiantes en un recorrido de tres etapas para: 1) aproximarse a la cosmovisión cristiana; 2) avanzar en la cosmovisión

cristiana; y 3) aplicar la visión cristiana. Describe dos o tres maneras de aplicar algunos elementos de esta conceptualización estratégica a tu propio plan de estudios.

4. Debido a sus limitaciones, el TCZ no pudo responder a uno de los resultados claves de la investigación como es la necesidad de más formación profesional (p. ej., en los campos de la electricidad, la construcción y la carpintería) a fin de proporcionar los ingresos que requieren los pastores. Esta es una necesidad bastante común en muchas partes del mundo. ¿Has visto alguna vez un programa de educación teológica capaz de integrar con éxito una formación en dos profesiones a la vez? ¿Cuáles eran uno o dos de los factores claves que hicieron posible dicho programa?

Apéndice

Propuesta del modelo curricular

Propósito del trabajo: Producir líderes cristianos comprometidos con una forma de liderazgo y un ministerio eficientes tanto en la iglesia como en la sociedad.

Filosofía subyacente

Este modelo de currículo implica un recorrido, que comienza con la exploración de nuestra cosmovisión humana y termina con el establecimiento de objetivos para adquirir una cosmovisión cristiana. Empieza el primer año, planteando preguntas generales: *¿De dónde vengo? y ¿Quién soy en Cristo?* Mediante la "Aproximación a la cosmovisión cristiana", se estudia la cultura y las cosmovisiones humanas contrastándolas con lo que significa ser una nueva persona en Cristo. Esto se hace en tres ámbitos: el personal, el comunitario y el nacional.

Al iniciar a los principiantes en el nivel académico universitario, las asignaturas se presentarán a través de la doble perspectiva que implica tomar conciencia de quiénes somos y exponernos a la realidad de nuestro contexto actual. De ahí que el énfasis de este primer año sea un taller sobre la situación de Zimbabue que explore el estado de la economía, la política y la condición social y espiritual de la nación, así como las consecuencias que estas cuestiones tienen para el bienestar personal, local y nacional, espiritual y emocional, y para el liderazgo y el ministerio. A partir de ahí, y juntamente con una exploración detallada de la cosmovisión africana y una introducción a la importancia de nuestra relación con Dios (cosas, ambas, a las que se hará referencia en todas las asignaturas), se guiará a los alumnos a través de los temas fundamentales a prepararse para la transformación que habrán de experimentar durante el resto de su recorrido.

El segundo año de estudio —todavía efectuando el mismo recorrido y estudiando cuestiones relacionadas con la cosmovisión—, la atención se centrará en la "Presentación de la cosmovisión cristiana" mediante el desarrollo personal: la transformación individual y los temas familiares y ministeriales. Este énfasis comenzará con un taller de "Vida positiva" durante el primer semestre. Las asignaturas, siempre interconectadas y/o integradas, se impartirán teniendo en mente los dos aspectos siguientes: las implicaciones para el liderazgo y las implicaciones para el ministerio; las cuales se examinarán desde la doble perspectiva de la iglesia (tanto de los "pastores" como de los "laicos") y de la sociedad (el ministerio en la vida cotidiana).

El tercer año —"Aplicación de la cosmovisión cristiana"— terminará el recorrido respondiendo a la pregunta *¿Dónde debemos estar?*, la cual resaltará cómo debermos aplicar la cosmovisión cristiana a los tres niveles mencionados: el personal, el comunitario y el nacional desde la doble perspectiva de la iglesia y la sociedad. Durante el primer semestre un taller sobre conocimientos básicos de economía dotará a los estudiantes de algunas habilidades en este campo.

Acomodándonos al Proceso de Bolonia, los elementos no manifiestos del currículo —tales como asistir al culto diario, el día de recogimiento, el discipulado y los grupos de mentoreo, el ministerio y los deportes, juntamente con otras actividades estudiantiles— también obtendrán créditos para los estudiantes, a quienes se les pedirá que reflexionen sobre las lecciones que puedan identificar a partir de estas experiencias.

Nota:

- Tal vez no sea necesario incluír muchos trabajos o exámenes para todas las materias, ni tampoco que las asignaturas duren todo un semestre. Reduciríamos así la carga de trabajo, tanto para estudiantes como para profesores.

1er Año

2° Año

3er Año

- Las asignaturas podrían impartirse en módulos de una, dos, tres, cuatro horas por semana según los requisitos del contenido y la integración.

- Puesto que las materias se enseñarán por medio perspectivas en común (cosmovisiones, iglesia, sociedad, liderazgo y ministerio, además del tema central de cada año), el material estará interconectado. A lo largo de cada curso se programarán trabajos de investigación que estarán integrados y que exigirán que los alumnos reflexionen acerca de sus propios descubrimientos. También se les requerirá que elaboren planes personales de aprendizaje con sus mentores.

- Las asignaturas optativas para el tercer año aún no están del todo definidas, y es posible que aumenten en número.

- Una práctica ministerial revisada formará parte del segundo año.

- El tercer año incluirá una tesis de investigación sobre algún tema escogido por el estudiante, donde se pondrá en práctica lo aprendido en la materia de Métodos de investigación, exigiendo además que el estudiante reflexione de manera interdisciplinar.

- Se ofrecerán cuatro asignaturas optativas —dos cada semestre durante ocho semanas— dentro de un sistema de temas relacionados, lo que permitirá a los estudiantes escoger las materias pertinentes para el área de ministerio de su elección. El sistema incluirá cinco campos: Erudición bíblica, Teología, Educación cristiana, Misión y

8

La experiencia de Sri Lanka
Algunos resultados sorprendentes

Lal Senanayake
Director del Lanka Bible College and Seminary

Recopilar los datos para la Revisión del Currículo Basado en la Investigación (RCBI) supuso una experiencia difícil para nosotros, especialmente por nuestra "cultura altamente contextual". En este tipo de culturas, los estudiantes jamás dirán nada que pueda ofender a sus profesores, aunque tengan algo que compartir. No les llevarán nunca la contraria abiertamente. Y puesto que fueron algunos de los miembros principales del profesorado quienes realizaron las entrevistas, tuvimos que idear una estrategia para descubrir la experiencia y las emociones verdaderas de los estudiantes.

Conseguir datos fidedignos acerca de la realidad de la institución era importante para su desarrollo; de modo que preparamos a nuestros profesores de mayor rango para realizar esta tarea. Sin embargo, durante el proceso de recopilación, nos dimos cuenta de que una respuesta colectiva de los participantes de cada región nos habría ayudado a percibir mejor la realidad en nuestra cultura altamente contextual; ya que los grupos hacen más fácil compartir con valentía los pensamientos y las experiencias personales. En el ambiente de grupo, cada individuo de este tipo de culturas se siente estimulado a hablar con claridad. Nuestro siguiente estudio lo llevaremos a cabo de otro modo. Después de realizar una o dos entrevistas, repasaríamos las preguntas y volveríamos a entrevistar a los estudiantes por segunda vez para clarificar las áreas que nos parecieran ambiguas.

Esperamos que esta experiencia de RCBI no sea la primera y última. El LBCS está decidido a continuar investigando y mejorando.

Resultados sorprendentes

La investigación obtuvo varios resultados asombrosos. Durante la fase temprana, el equipo decidió recurrir a entrevistadores independientes para la recopilación de datos, ya que era difícil para los miembros del profesorado entrevistar a los estudiantes en una cultura como la nuestra y obtener resultados fiables. Pero, como era muy caro contratar personal independiente, al final los profesores tuvieron que buscar formas de efectuar esa recopilación ellos mismos. Fue la primera experiencia de este tipo para ellos y es alentador poder reconocer que lo hicieron bien.

La razón del éxito estuvo en la serie de reuniones que mantuvimos con los miembros del profesorado para discutir quién habría de trabajar con las entrevistas y la recopilación de datos. Yo me encargué de proporcionarles la información de fondo en cuanto a nuestra realidad cultural y la necesidad de obtener datos objetivos.

Otro resultado sorprendente fue que, a consecuencia de los datos obtenidos, los profesores y el personal no docente aprendieron a considerar de un modo distinto la formación de los estudiantes en el LBCS. Les abrió los ojos el darse cuenta del efecto que tiene sobre ellos el currículo implícito.

Habíamos asumido que la actuación general del personal del centro y de los profesores tenía el nivel requerido, hasta que escuchamos la experiencia de los antiguos alumnos de la institución. La mayor parte de las respuestas acerca de la enseñanza en la facultad eran positivas, pero los antiguos alumnos que participaron expresaron sus opiniones acerca de algunas de las conductas que observaron, ya que lo que se enseña en clase debería poder verse en la vida real fuera del aula. Las referencias eran sobre todo acerca de ciertas actitudes de algunos miembros del personal. Los estudiantes habían notado la disparidad que existía entre la enseñanza y la realidad diaria, y mencionaron sobre todo la falta de amor y de solicitud de algunos miembros del personal administrativo.

Otro resultado más que sorprendió a la mayoría del profesorado y del personal no docente fue que nuestros métodos educativos necesitaban cambios y mejoras. Los profesores, por ejemplo, no esperaban que se les hablara acerca de la necesidad de una mayor integración entre la teoría y la práctica, la facultad y la sociedad, el ministerio y el plan de estudios.

La clave del éxito

El elemento clave del éxito fue la humildad y el compromiso de parte del presidente, el profesorado y el plantel del centro para aprender de la experiencia de los antiguos alumnos del LBCS. Nos habíamos comprometido a buscar datos reales, no solo aquellos que quisiéramos escuchar. La experiencia de investigación cualitativa en mi tiempo de estudiante en la *Trinity International University* estaba todavía fresca. Conocía el poder de la investigación cualitativa y, por tanto, estaba decidido a interpretar el resultado verdadero del estudio. Se trataba de mejorar la facultad docente para la gloria de Dios y de entender el impacto que tiene la formación que damos en el LBCS en la iglesia y en la sociedad. Fue por esto que animé al equipo de investigación para que se asegurara de que los datos obtenidos por medio de las entrevistas fueran genuinos.

Lo que reveló la investigación acerca de nuestro seminario y nuestra misión

- El LBCS debe ser más intencional en cuanto a una mayor integración entre el colegio bíblico y lasociedad, la teoría y la práctica, el ministerio y el currículo. Se percibe una incapacidad en los estudiantes para establecer conexiones con la sociedad. Tal percepción se debe a que el LBCS llevó a cabo una serie de seminarios acerca de la necesidad de integrar iglesia y sociedad antes del proceso de investigación, y los estudiantes comprendieron la importancia de dicha integración. A raíz de esto compartieron que la formación en el LBCS debía modelarla. Durante los diez años anteriores, el LBCS había abandonado las misiones evangelísticas con estudiantes a causa de los grandes compromisos económicos que tenía la institución, pero los estudiantes se han dado cuenta de la necesidad de integrar misión y ministerio, teoría y práctica, en el currículo.

- El LBCS debe proponerse la integración entre el currículo implícito y el currículo explícito. A los participantes en las entrevistas les parecía que ciertas actitudes del personal no eran coherentes con el currículo explícito.
- El LBCS debe dar más tiempo a algunas asignaturas —como administración, liderazgo, consejería, sexualidad y matrimonio, o a los temas sociales de actualidad— del que tienen asignado en el plan de estudios actual.
- Se necesita un programa de educación continuada para los exalumnos. A consecuencia de los hallazgos de la investigación, el LBCS ha empezado a llevar a cabo seminarios y talleres sobre algunos temas específicos: consejería, salud, mentoreo, liderazgo eclesial y gestión financiera (mayordomía económica).
- Es importante mejorar la biblioteca, que debe ser accesible desde los centros de enseñanza por extensión y los campos de ministerio de los exalumnos.
- Debemos escuchar a los grupos que integran o tienen interés en el LBCS (clientes).
- El proceso de revisión debe incluir al personal del centro, los profesores y los estudiantes, como también al equipo directivo de la institución.
- Es importante ser precisos a la hora de preparar las preguntas y de elegir las herramientas para realizar el estudio. Por ejemplo:

  A. ¿De qué manera te impactó e influyó en la efectividad de tu ministerio la experiencia como estudiante en el LBCS?

  B. ¿Cómo te ha ayudado (o estorbó) tu tiempo en el LBCS a ejercer tu ministerio de manera competente?

  C. ¿En qué medida te ha ayudado (o estorbado) el tiempo que has pasado en el LBCS a desarrollar tu capacidad de fomentar relaciones sólidas y de mutuo provecho con otras personas?

  D. ¿De qué manera (positiva o negativamente) ha influido el ejemplo del personal y del profesorado del LBCS en tu idea del liderazgo cristiano?

  E. ¿Cómo ha afectado tu experiencia en el LBCS el desarrollo de hábitos de disciplina en tu vida?

F. ¿Cómo ha influido tu experiencia en el LBCS en tu interés por seguir aprendiendo de por vida en las áreas de la teología y estudios bíblicos? ¿Y en la adquisición de hábitos eficaces de estudio bíblico personal?

- Es importante trabajar en equipo para diseñar las herramientas de la investigación.

- Se necesitan reuniones de equipo más a menudo para consultar y discutir los asuntos.

- Es importante reunirse con los participantes por grupos, según el lugar geográfico donde se encuentren, para escuchar su respuesta colectiva. Esta idea surgió durante el proceso de análisis de los datos. El equipo de investigación solo hubiera podido especular acerca de cuál iba a ser el resultado de no haber planeado una recopilación de datos por grupos.

- El tiempo limitado para la investigación fue un reto para los miembros del profesorado con otras responsabilidades. El equipo investigador estaba ocupado con las demás actividades de la facultad, por eso el proceso de evaluación fue lento. A causa de esas otras actividades, se tardó cerca de tres meses en acabar el proyecto. Hubiera sido ideal haber contado al menos con seis meses para procesar y analizar minuciosamente los datos.

- También hubiera sido mejor tener dos entrevistadores en vez de uno solo.

- Es importante realizar las entrevistas en el terreno o localidad geográfico del estudiante, en vez de traerle al seminario (cultura altamente contextual).

- También es importante adaptar el procedimiento a la cultura altamente contextual.

- El procedimiento de las entrevistas era demasiado formal, y a los participantes les intimidaba. Tuvimos que tranquilizarlos, explicándoles que su propósito era la investigación y la mejora del programa educativo del LBCS. Esta clara orientación les ayudó a evaluar objetivamente su experiencia en el LBCS. Podríamos también haber empleado a una persona neutral—alguien que no fuera del LBCS—para llevar a cabo las entrevistas; pero no pudimos hacerlo por falta de presupuesto. También el contexto de las entrevistas resultó importante; ya que estas se realizaron en el propio ambiente de los entrevistados y pudieron así expresar libremente lo que habían experimentado en el seminario durante su tiempo como estudiantes.

- La grabación de las entrevistas resultó algo indimidante y los entrevistados lo percibieron con desconfianza .
- El proceso de selección de los participantes nos aseguramos de entrevistar tanto hombres como mujeres.
- Se deberían que escoger expresamente a participantes de diferentes partes del país.
- Fue importante seleccionar a quienes podían expresarse con sinceridad y eran capaces de analizar y evaluar su experiencia formativa en el LBCS.
- Probablemente se obtendría un mejor resultado si se hacer las mismas preguntas después de una o dos entrevistas.
- Seleccionar a participantes de diferentes regiones y etnias resultó algo útil, aunque no se tomara en cuenta esta información durante el proceso de análisis. Los datos obtenidos revelaron algunas respuestas interesantes; como, por ejemplo, que la realción de la iglesia y la comunidad con la sociedad era más positiva en algunas áreas geográficas que en otras. Que el trasfondo étnico es también un factor que influye en este aspecto. Por ejemplo: en las regiones donde predominaban los tamiles/hindúes parecía haber una mejor relación entre la iglesia y la sociedad, mientras que en las comunidades de mayoría singalesa/budista no existía un trato saludable entre ambas. Esta situación merita una investigación más exhaustiva para descubrir las razones de ello y sugerir formas de cambiar tales actitudes.
- El procedimiento de la investigación era complejo, pero el plazo para concluirla impuso ciertas limitaciones; limitaciones que causaron dificultades a la hora de pedir a los participantes que aclararan algunas de sus respuestas. La información hubiera sido más valiosa si hubiéramos podido visitar de nuevo a los participantes.
- Por esta causa no se tuvieron en cuenta los factores de género o de localidad geográfica en el proceso de investigación. Las

consideraciones del género, la etnia y el área geográfica hubieran probablemente arrojado más luz sobre los resultados durante el proceso de análisis.

El personal no docente tenía que cambiar

El programa de Revisión del Currículo Basado en la Investigación (RCBI) se realizó entre los que habían cursado sus estudios antes del año 2010; y, según los datos obtenidos de las entrevistas, otros aspectos del Lanka Bible College and Seminary distintos a lo académico debían ser atendidos. Por lo general, se supone —al menos en el contexto de Sri Lanka— que solo los profesores de la institución académica imparten la educación teológica a los estudiantes, y que el resto del personal no tiene ninguna relación directa con el aprendizaje ni influye en el programa de formación. El procedimiento y los hallazgos de la RCBI revelaron la importancia del personal no académico en el proceso educativo.

El propósito de una formación teológica residencial es proporcionar a los estudiantes una educación holística —mental, física, espiritual y emocional— así como contribuir a su desarrollo social. Los planes de estudio de las escuelas definen claramente los objetivos de las asignaturas en términos del desarrollo en las diferentes áreas del ser humano: la cognitiva, la afectiva y la conductual (saberes, actitudes y habilidades). El propósito educativo en un programa de estudio determinado debe ser el de desarrollarse y lograr un cambio y crecimiento positivo en estas tres áreas de aprendizaje. El proceso de la RCBI reveló que la formación teológica debe ser un esfuerzo colectivo y colaborativo entre el personal académico y el no académico. Los participantes en las entrevistas observaron una incoherencia entre la enseñanza que recibían y cómo esta se practicaba en el resto de los departamentos de la institución.

Los estudiantes detectaron que ciertas "actitudes" del personal no académico eran contrarias a lo que habían aprendido en clase. La teoría del liderazgo que se les había enseñado en el aula contradecía algunas de las "prácticas de liderazgo" que experimentaban dentro de la institución. Veían, por ejemplo, una "falta de colaboración" entre los departamentos y una especie de "descortesía" hacia los alumnos por parte de ciertos miembros del personal. A veces sentían una "falta de amor y de interés" por ellos en lo concerniente a la disciplina, y comentaban que algunos no docentes requerían formarse para mejorar en sus "actitudes, ética laboral y habilidades sociales". Ciertos estudiantes se habían sentido heridos por algunas palabras que el personal no docente había empleado trabajando con ellos, y se habían producido también varios incidentes en los que se presenciaron actitudes "irrespetuosas" de unos trabajadores hacia otros. Estas experiencias hacían que los estudiantes se cuestionaran acerca de la brecha que veían entre la teoría y la práctica.

El proceso de la RCBI ayudó, pues, a que la institución reflexionara sobre algunos asuntos ajenos al currículo y buscara formas de mejorar las actitudes y el comportamiento del personal. Estas cuestiones se han compartido con el personal no docente y con el profesorado, y pueden apreciarse claramente ciertos cambios y avances positivos en esas áreas de interés.

Preguntas para reflexionar

1.   LBCS ha propiciado un aumento significativo de la calidad de la institución. La transparencia y la apertura a las críticas siempre constituyen un desafío. Piensa en una o dos maneras en las que podrías fomentar más la transparencia y la apertura a la crítica constructiva en tu escuela.

2.   La consideración principal que surgió de la investigación del LBCS fue la de cómo integrar mejor el seminario y la sociedad, la teoría y la práctica, el ministerio y el currículo. ¿En qué medida crees que la integración de estos ámbitos sería una consideración importante en los programas educativos de tu propia institución? Menciona algunas maneras en las que tu escuela podría fomentar una mejora en la integración de las áreas mencionadas.

3.   La segunda cuestión importante fue la disparidad que se percibía entre la vida y la enseñanza en algunos miembros del personal. Como consecuencia de ello, el LBCS tuvo que intervenir decididamente en la formación del personal no docente para que reflejara mejor los valores del seminario. ¿Hasta qué punto se consideran los trabajadores no docentes en tu escuela también "educadores" por sus actitudes y maneras de actuar? ¿Cómo podría promover tu institución una mejora en el currículo implícito que sea positivo y que se evidencie en el trato entre la administración, el personal, el profesorado y los alumnos?

4.   Mirando retrospectivamente, el LBCS descubrió que los procedimientos utilizados para entrevistar habían sido demasiado formales. ¿En qué medida piensas que eso podría ser un problema en tu contexto local? ¿Qué otros factores culturales crees que se deberían tomar en cuenta para garantizar que la investigación de campo entre los antiguos alumnos, las iglesias y los líderes de la comunidad, produzca datos de calidad?

Parte III

Problemas con el cambio

S i el cambio fuera fácil, simplemente lo implementaríamos sin más.
La conferencia de ICETE 2015, y este libro —que nace de la misma—
pretende ayudar a los seminarios a realizar el cambio, pero es natural que
surgan muchas objeciones y obstáculos al considerar este proceso. Trataremos
algunos de estos problemas en esta parte.

La sección anterior incluyó testimonios de cómo algunos seminarios
llevaron a cabo la investigación de su contexto y del resultado e impacto de sus
egresados. En cada uno de los casos se tuvieron que superar dificultades para
lograrlo. Algunas de las dificultades surgieron de los grupos interesados, otras
por lo complicado de la investigación misma, otras de la conceptualización
del nuevo plan de estudios, y otras por la implementación de los cambios que
surgieron de la investigación.

Esta sección pretende tratar algunos de los aspectos prácticos que los líderes
de los seminarios necesitarán tener en cuenta para saber si sus instituciones
están listas para el cambio al llevar acabo el proceso de investigación, al
reorganizar su currículo y al prepararse para dar el paso hacia el cambio.

9

Dirigir el cambio:
La perspectiva desde la oficina del presidente

Elie Haddad[1]
Presidente, Seminario Bautista Árabe de Teología, El Líbano

Al Seminario Bautista Árabe de Teología (ABTS) se le ha conocido recientemente por su innovación, y por ser una especie de laboratorio para experimentar con nuevas ideas. Algunos de los cambios recientes más importantes incluyen una revisión completa del currículo, y una evaluación de su efectividad. Actualmente estamos preparando una evaluación de la eficiencia.

Al reflexionar acerca de este periodo de cambios importantes —conscientes de que el cambio siempre es problemático— nos damos cuenta de que el factor más importante que hizo posible el cambio en el ABTS fue el desarrollo de una nueva cultura institucional a lo largo de los últimos años. Algunos piensan que para que la innovación pueda ocurrir el presidente del seminario tiene que ser un innovador. Yo creo que el papel principal del presidente es el de crear y cultivar un entorno y una cultura que favorezcan la innovación.

En este ensayo quisiera enfatizar los aspectos más importantes de la cultura del ABTS que considero han hecho posible el cambio, aun con los desafíos que eran inevitables.

---

1. Material presentado por primera vez en el OCI Institute, Amán, 12 de marzo de 2015.

Una cultura de valores

Uno de los cambios más importantes que ocurrieron en ABTS fue la decisión que tomamos de desarrollar y sustentar una cultura guiada por valores; una cultura donde ponemos en práctica aquello que creemos es lo correcto en vez de lo que se hace por tradición. Los valores comenzaron a influir en nuestras decisiones y procesos, y en las estructuras y relaciones a nivel institucional. Poco a poco esto se extendió al salón de clases y a toda la comunidad educativa.

Establecimos los valores generales de la organización, tales como la excelencia, la dedicación a los demás, la integridad, el respeto, el empoderamiento, la interdependencia, la centralidad de Dios en todo y la mayordomía. Estos valores gobiernan nuestro funcionamiento como institución y nuestras relaciones. Además de lo anterior, acordamos los valores educativos que deben d forma a nuestro plan de estudio, tales como la alabanza genuina, el ministerio como misión, el liderazgo que refleja a Cristo, el empoderamiento, la práctica reflexiva, la cohesión comunitaria y el crecimiento personal y espiritual. Estos valores educativos se han convertido en algo intrínseco en cada una de las clases.

Desafíos

Esta cultura guiada por valores trajo consigo sus propios desafíos. Lo más difícil fue al principio. Comenzamos a tomar decisiones basadas en los valores sin saber si producirían mejores resultados. No existía ningún precedente que concibiera la vida institucional de esa manera, y no encontramos otros modelos dentro de nuestro contexto a los cuales emular. Estábamos en territorio desconocido. Por supuesto que había gente, tanto dentro como fuera de la institución, que nos observaban con escepticismo. No fue hasta que esta nueva cultura demostró sus méritos que la gente comenzó a reconocer sus beneficios, y el ABTS se convirtió en el modelo a seguir.

Otro de los desafíos de esta nueva cultura institucional fue el nivel de sacrificio que requiere. La integridad es costosa cuando el entorno es uno donde las cosas suelen hacerse rápidamente y sin rigor moral. La integridad no fue lo único. El sistema de valores nos trasladó rápidamente de un sistema rígido a uno flexible para poder así cubrir las necesidades de nuestra comunidad. La flexibilidad también requiere de sacrificio.

Personal del ABTS: Elie Haddad, Rupen Das, Perry Shaw

Además, una comunidad guiada por valores necesita un conjunto mínimo de valores comunes entre sus miembros. Trabajar con personas dentro de una comunidad que no comparten los valores centrales de la misma es imposible. Por lo tanto, estos valores se convirtieron en el criterio central en la contratación de nuevo personal y el admisión de nuevos estudiantes.

Una cultura guiada por los valores

Un aspecto importante de nuestra cultura en el ABTS es el ser guiados por los valores. Nuestra visión inicia con lo que nosotros, como comunidad creemos que Dios quiere hacer en nuestro contexto. Nuesta misión es, por lo tanto, aquello que creemos que Dios nos llama a hacer para cumplir esa visión. Entendemos esa misión de Dios para nosotros como la medida y el criterio con la cual medimos todo lo demás. Así medimos el éxito y la constancia. El ethos de la visión y la misión influye todo lo que hacemos en el ABTS, desde los objetivos laborales de cada miembro del personal hasta cada asignatura del currículo. Esta perspectiva es un elemento importante a través de la cual atraemos y conservamos el interés de las personas.

Desafíos

Ya que la visión y la misión son cruciales para el ABTS, es importante que podamos discernir la visión y misión que Dios tiene para nosotros. Dado que el discernimiento es algo que se logra en comunidad, nuestro reto es involucrar a las personas idóneas de entre los colectivos interesados en este proceso colaborativo. Teniendo en cuenta lo complejo de este asunto, el segundo reto es saber cuán a menudo se debe llevar acabo este proceso.

El ser guiados tanto por la visión como por los valores crea una tensión, la tensión entre la perspectiva teleológica y la deontológica. La una está relacionada con los objetivos, y la otra con los métodos. El reto es saber como conducirnos en la vida de la institución al considerar ambas perspectivas al mismo tiempo, no como mutuamente excluyentes, sino igualmente importantes.

Una cultura de empoderamiento

El empoderamiento es un aspecto importante en una cultura para que puedan darse la innovación y el cambio creativo. El empoderamiento requiere la descentralización de lo administrativo y de la toma de decisiones, y también la libertad necesaria para que se dé el pensamiento creativo en cuanto a las opciones para la mejora. Una cultura de empoderamiento atrae líderes y los conserva, pero no tanto a seguidores; atrae a pensadores críticos, pero no a conformistas. Esta cultura permite que cada miembro de la institución contribuya a su misión. Se escucha la voz de todos. El empoderamiento va acompañado de responsabilidad. Se evalúa al personal por su contribución a los objetivos estratégicos y no por ciertas actividades que deban realizar.

Desafíos

Cuando el empoderamiento y la distribución de responsabilidades no van acompañados de una estructura solida de rendimiento de cuentas, entonces el empoderamiento puede convertirse en un riesgo. Esto puede provocar un desfase. Se necesita un sistema bien definido para asegurarnos de que la responsabilidad va acompañada del rendimiento de cuentas, y de que las iniciativas que surjan estén en sintonía con la orientación principal de la institución.

Otro de los retos inherentes de este tipo de cultura es la proclividad a las luchas de poder dentro de la institución. Las dinámicas de poder se deben manejar con cuidado en este entorno. En ocasión, el nivel superior del liderazgo puede tener la sensación de haber perdido el control. Es probable que el nivel superior del liderazgo esté en desacuerdo con algunas de las decisiones que se tomarán. El deseo de controlar todas las decisiones acabaría con el espíritu emprendedor. Por lo tanto, el reto para los directivos es aprender a orientarse en todo esto.

La cultura que se arriesga

No hay manera de lanzar una iniciativa sin que exista un elemento de riesgo. La cultura que se arriesga promueve la creatividad y la innovación. El ABTS se ha convertido en un laboratorio de ideas nuevas. No podemos ser precursores y pioneros en nuevas áreas de la educación si no estamos dispuestos a arriesgarnos, aun conscientes de que muchas ideas no serán viables. Una cultura que se arriesga permite y apoya las nuevas iniciativas.

Desafíos

Adentrarse en territorio desconocido conlleva el riesgo del fracaso. El reto está en determinar cuáles son los riesgos que la institución está dispuesta a asumir, y en saber cuándo se debe descartar una iniciativa sin inhibir la cultura emprendedora.

Otro desafío es el de orientarse por este terreno desconocido sin mapa, el de seguir adelante aun con toda la incertidumbre. Para esto se requiere un nivel elevado de discernimiento para poder corregir lo que sea necesario de forma inmediata.

El trabajo colaborativo es también un reto para las instituciones en movimiento. La colaboración entre instituciones pequeñas con objetivos similares es importante. Descubrimos que hay fuerza en la unión y en la sinergia estratégica. Sin embargo, para que esto funcione bien, la colaboración debe establecerse entre programas o sistemas tradicionales bien establecidos. La colaboración se dificulta cuando una de las instituciones está en un proceso aún por definirse.

Centro de mejora continua

Una cultura de mejora continua es esencial para lograr el cambio. La madurez institucional se consigue solamente cuando se tiene el deseo de seguir mejorando, de hacer las cosas bien, de forma más efectiva y eficiente, buscando la excelencia. Si queremos que nuestras instituciones sigan siendo relevantes tenemos que responder a nuestras realidades y contextos cambiantes. Tenemos que responder a la retroalimentación y la evaluación frecuentes. El cambio es costoso. La mejora continua es costosa. Sin embargo el costo de resistir el cambio es mucho más elevado.

Desafíos

La cultura de mejora continua conlleva muchos retos. Puede contribuir a un sentimiento de inestabilidad en la institución. El cambio es costoso. Estar en cambio continuo es muy difícil. También existe la posibilidad de que consideremos el cambio como una virtud en sí mismo. El riesgo es que el cambio ocurra solo por buscar el cambio. También existe el peligro de concentrarse en los mismos temas una y otra vez.

Con esta cultura viene también el desafío de la evaluación. Si las cosas cambian continua y rápidamente, ¿cómo identificamos lo que debemos evaluar? Es difícil, por ejemplo, evaluar la efectividad de nuestro plan de estudios si este cambia continuamente, si no hay al menos dos graduados que hayan seguido la misma trayectoria.

La cultura del desarrollo personal y profesional

Una cultura de desarrollo personal y profesional require que la institución esté siempre en busca de potencial, que invierta decididamente en recursos humanos y en el desarrollo de líderes desde dentro. El cambio puede ocurrir cuando tenemos a nuestros recursos humanos bien preparados y equipados. Para esto se necesita pensar de forma estratégica y planear bien la sucesión.

Desafíos

Desarrollar personas es costoso, tanto en términos de finanzas como de tiempo. Se necesita mucha paciencia para desarrollar las capacidades. El reto es el de equilibrar bien las necesidades inmediatas de la institución y las necesidades que percibimos habrán en el futuro.

La cultura de la comunidad

El cambio no se puede gestionar ni dirigir a puerta cerrada. Para que la institución se mantenga efectiva y relevante toda la comunidad debe estar involucrada. Un seminario no existe en el vacío; existe para servir a la comunidad de la iglesia. Para que el cambio esté bien encaminado, debemos escuchar la voz de la comunidad. El cambio es un viaje en comunidad, y solo puede darse a través de la participación y el apoyo de la comunidad.

Desafíos

Incluir a la comunidad en todas las discusiones estratégicas es muy costoso en términos de recursos y de tiempo. Además, nadie conoce el potencial o los desafíos de la institución como el personal o los líderes. Se requieren habilidades específicas para saber escuchar a la comunidad y discernir qué parte de la retroalimentación es valiosa. El reto es desarrollar esas habilidades e invertir el tiempo para escuchar.

Preguntas para reflexionar

1. Elie Haddad concibe el establecimiento de una cultura guiada por los valores como el comienzo para crear una organización innovadora. ¿Cuáles crees que son los valores centrales en tu organización? ¿De qué maneras se han articulado claramente estos vlaores? ¿Cómo han intentado motivar a su comunidad a compartir estos valores?

2. Describe una o dos ocasiones en que alguna decisión en tu escuela estuviera basada principalmente en razones de eficacia financiera en lugar de en sus valores. Teniendo en cuenta lo limitado de los recursos financieros en tu institución, ¿cómo piensas que estas situaciones se podrían haber abordado de otro modo?

3. Según Haddad la visión es aquello que creemos que Dios quiere que hagamos en nuestro contexto, y la misión es la forma en que creemos Dios nos está llamando a participar para alcanzar esa visión. Reflexiona por un momento en las declaraciones de la visión y misión de tu organización. ¿Cómo informa la concepción de la visión y la misión que tiene Haddad a la tuya?

4. ¿De qué formas buscas que la misión y la visión de tu institución sean algo más que "tinta y papel"? ¿Hasta qué punto conocen estas declaraciones los administrativos, el personal, la facultad académica y los estudiantes? ¿De qué maneras se han utilizado estas declaraciones para definir asuntos cuando se trata de tomar decisiones?

5. ¿Cuáles son los factores más importantes que podrían dificultar el proceso de empoderamiento y de la cultura que se arriesga en tu organización? Describe una o dos formas en las que tu organización promueve una cultura que empodera y que se arriesga. ¿Cómo se podrían fortalecer estas iniciativas?

6. Promover continuamente el crecimiento personal y la mejora de la organización es crucial para conseguir una comunidad saludable. Menciona algunas formas en las que tu organización facilita el crecimiento personal y la mejora de la organización. Piensa en al menos una idea de cómo se podría hacer más efectivamente.

10

¿Qué valor tiene?
La importancia de desarrollar la biblioteca

Melody Mazuk,
consultora internacional de biblioteconomía, EEUU

Tal vez no sea este el título que esperaban de una introducción a los principios y las prácticas para guiar el desarrollo de una biblioteca para el futuro. Y sin embargo pareciera que esta es exactamente la pregunta que debiéramos hacernos: ¿Cuál es el valor de una biblioteca que alimentará los sueños y las metas de la educación teológica en nuestros contextos?

Existen algunos principios que nos ayudarán a informar nuestra reflexión al respecto. El tema del desarrollo de una biblioteca no se puede analizar de manera aislada. Se debe abordar dentro de una conversación más amplia que incluye el plan de estudios, la facultad docente y el lugar donde nos encontramos. Es crucial que la comunicación sea clara, confiable y directa.

1er principio: El exceso de comunicación no existe

Una de las primeras acciones que fomentarán el desarrollo de la biblioteca a nivel institucional es definir quiénes tendrán parte en las consideraciones y quiénes tomarán las decisiones. ¿Incluye este grupo a algún representante de la biblioteca? Si la institución no cuenta con bibliotecario, o el bibliotecario no tiene voz en la toma de decisiones, ¿hay un representante de la biblioteca que se comunique frecuentemente y mantenga un relación de confianaza con la persona responsable de las actividades diarias en la biblioteca?

2º principio: La biblioteca existe para respaldar el currículo

El currículo de las licenciaturas actuales y futuras es el elemento fundamental que debemos considerar al desarrollar la biblioteca. No es solo el contenido lo que se debe tener en cuenta, sino también la implementación misma del plan de estudios. Para desarrollar prácticas frecuentes y sustentables que refuercen el currículo, la biblioteca necesita estar al corriente de las decisiones en cuanto al lugar, la organización y el formato de su implementación.

3er principio: 'El contexto lo es todo' o 'todo se trata del lugar'

Las casas editoriales no se han podido mantener al nivel del cambio que ha ocurrido con la densidad de población en el mundo cristiano, y las bibliotecas no han podido seguirle el paso a los cambios en las casas editoriales.

Biblioteconomistas, estudiantes y cuerpo docente desean tener acceso a materiales relevantes a sus contextos y a sus situaciones específicas, pero la mayoría de los materiales publicados aún son en su mayoría muy occidentales. A menudo, el precio de los libros impresos es prohibitivo, y tanto los autores como el contenido de los libros reflejan otros contextos. No son malos en términos académicos, pero no podemos ignorar el tema de la relevancia. Una directiz para el desarrollo de la colección de su biblioteca es que debe tener en cuenta su relevancia contextual.

La disponibilidad y accesibilidad de recursos digitales también son temas que destacan a nivel mundial en las conversaciones sobre del desarrollo de las bibliotecas. No existe una respuesta simple o correcta a esta gran pregunta: ¿Aún necesitamos las bibliotecas? La pregunta, sin embargo, se convierte en 'la hidra' de Hércules: al contestar una pregunta aparecen al menos otras dos. Por ejemplo: ¿debe una biblioteca suscribirse a un plan de préstamo de libros digitales o adquirir individualmente los títulos electrónicos? Y si se compran los libros digitales, ¿qué plataforma se necesita para leerlos? Si un estudiante tiene una computadora, pero no tiene acceso a Internet, ¿cómo podra encontrar, descargar y leer los libros digitales y artículos? Si se cancela la subscripción a una revista académica impresa para acceder en su lugar a la revista por una plataforma de una base de datos, ¿qué ocurre cuando no se puede pagar el servicio? ¿Se pierde el acceso a todas las ediciones anteriores, o solo a las actuales y futuras? ¿Qué ocurre cuando hay un apagón y estamos sin electricidad? Cuando una institución da forma a su estrategia en cuanto a la compra/préstamo/subscripción de recursos digitales, los principios 1 y 2 son cruciales. Todas las partes interesadas deben estar debidamente representadas.

4º principio: La comunidad importa

Desarrollar una biblioteca o aumentar una colección es al mismo tiempo un reto y una oportunidad. La oportunidad de conseguir y aprovechar recursos de manera colaborativa es el fundamento del trabajo bibliotecario. A medida que las instituciones de todo el mundo buscan acuerdos colaborativos, una de las preguntas cruciales debería ser si estos acuerdos incluyen el uso de la biblioteca. Cuando sí se incluye, ¿quién tiene la responsabilidad de supervisar que en efecto se pongan en práctica estos acuerdos bilaterales del uso de la biblioteca? Si no se incluyen estos recursos, tal vez sería apropiado reconsiderar los acuerdos (principios 2º y 3º).

Facultad docente: ¿Se encuentran en el campus todas las personas que enseñan alguna materia, o también depende la escuela de instructores visitantes? Si los instructores visitantes imparten la enseñanza con regularidad, ¿cómo le comunican a la biblioteca los materiales que se requerirán para trabajar en su materia? Y si el instructor enseña su asignatura a distancia, ¿qué tipo de apoyo necesita de la biblioteca? (principios 1, 2 y 3)

Lugar geográfico: Si alguna asignatura o asignaturas se ofrecen en modalidad presencial en un lugar (o más de un lugar) geográfico, siendo impartida tal vez por más de un instructor, entonces se deben tomar decisiones (hacer políticas) con respecto a los libros u otros materiales que estarán a disposición de los estudiantes en el campus (principios 1 y 2).

5º principio: Estar dispuesto a pedir ayuda

Existen personas que consideran la biblioteconomía como una vocación y ven este trabajo como su ministerio. Estas personas suelen estar dispuestas a fungir como mentores y a acompañar o trabajar con los individuos que han sido nombrados bibliotecarios, tanto en su capacitación como por un tiempo como mentores. Generalmente contribuyen de forma importante en las conversaciones acerca de la capacitación del personal de la biblioteca, y a la estabilidad del servicio. También aportan mucho en los temas más amplios acerca del desarrollo de la biblioteca.

Veamos algunos ejemplos de estos principios en acción:

El 1er principio a menudo no les parece tan importante o necesario a aquellos que están a cargo de la planificación y de las prácticas institucionales. De hecho, probablemente es el más ignorado de los principios, cuando fácilmente podría ser el más productivo. Las personas son el alma de una institución, y cuanto mejor informados estén los que la forman (estudiantes, personal, cuerpo docente) más probable será que se interesen —tanto a nivel personal como colectivo— en el bienestar de la institución y se vuelvan defensores convencidos de la misma. Mi hermano mayor tiene un dicho que toda la familia ya conocemos porque lo ha repetido tantas veces: "Prefiero tenerlo en frente que correr tras ello." Nuestro padre era fontanero, y mi hermano es electricista. En ambos trabajos, estar preparado para cualquier contingencia puede determinar si uno podrá reparar el servicio de agua o de luz de una familia, o si tendrá que dejar un trabajo inacabado y regresar al siguiente día después de comprar los repuestos, lo cual costará más dinero a la desafortunada familia, y alargará el inconveniente. Tal vez se pregunten cómo se relaciona esto con el 1er principio: Un bibliotecario siempre trata directamente con los estudiantes, y descubrir por medio de los estudiantes que una materia (o un programa completo) se va impartir en línea, en vez de escucharlo directamente y con tiempo del director (y este es un ejemplo real), es desmoralizador. El personal de la biblioteca se encuentra entonces en esa posición en que debe poner a disposición de los estudiantes los materiales necesarios sin haber recibido los fondos o el personal adicionales que se requeriría. Los tres principios caben en este singular ejemplo. "Prefiero tenerlo en frente que correr tras ello" se convierte en un lema muy real cuando los materiales impresos o digitales que se necesitan para las asignaturas no están disponibles en los lugares apropiados porque el personal de la biblioteca no tenían ni idea que se iban a requrir en otro lugar que no fuera el campus principal. Si la biblioteca hubiera tenido un representante cuando se tomaron las decisiones —alguien que pudiera comunicarse frecuentemente y con claridad con el personal bibliotecario— ni los estudiantes ni los docentres en los campus a distancia habrían salido perjudicados por falta de acceso a los materiales. El Colegio Bíblico de Lanka fue uno de los participantes en el programa de revisión del plan de estudios y reportó lo siguiente como parte de sus conclusiones generales: La biblioteca debe estar accesible desde los puntos de estudio a distancia y desde el campo de misión.

"La biblioteca existe para respaldar el currículo" (2° principio) es una afirmación bastante amplia que al mismo tiempo comunica lo que es obvio. De hecho, resulta tan obvio, que la importancia de la biblioteca se pasa por alto constantemente en las diferentes etapas de la planeación académica. Muchas instituciones aspiran a expandir sus programas de licenciatura, y a menudo la administración toma los siguientes pasos en el proceso sin considerar si la biblioteca tiene los recursos adecuados y suficientes para respaldar el programa. Podemos ver un ejemplo del 2° principio bastante interesante en el Seminario Nigeriano Bautista de Teología, que actualmente tiene un gran número de estudiantes inscritos en sus programas. Según su presidente, la institución no cuenta con una biblioteca adecuada que ofrezca los niveles de apoyo que requieren los programas que ofrecen. Cuando se les planteó qué tipo de biblioteca necesitan, él tiene ya una lista preparada. Se necesitan:

- quinientos libros nuevos para que la biblioteca esté al nivel que requieren sus programas actuales;
- el conocimiento del sistema de clasificación de la Biblioteca del Congreso;
- la instrucción del personal de la biblioteca en la catalogación (clasificación) de acuerdo a la Biblioteca del Congreso;
- ayuda para instruir a los bibliotecarios que no tienen ningún tipo de experiencia en el ámbito teológico en la cultura de una biblioteca teológica.

Este ejemplo ilustra muy bien los principios 2 y 5. Un presidente que está tan comprometido como interesado en la biblioteca, y que reconoce la importancia de una colección de materiales que respalden lo que ofrece el plan de estudios, es un representante magnífico. Un presidente que es pro-activo en lo concerniente a la biblioteca, que no teme pedir apoyo del exterior, será de gran ayuda para el personal bibliotecario en la búsqueda del apoyo y haciendo las preguntas correctas.

Posdata: La comunidad importa — El punto en el mapa

Esta cuestión del punto en el mapa ha cobrado una nueva relevancia en casi todas las conversaciones relacionadas con bibliotecas tras la abrumadora explosión de los recursos digitales. No es extraño escuchar algo parecido a lo que sigue en las reuniones de planeación institucionales, especialmente en las que tratan el presupuesto: "¿Por qué necesitamos una biblioteca todavía? Todo está disponible en línea ahora." Los bibliotecarios casi nunca participan en las conversaciones, y cuando se les invita no se les suele dar la palabra. Margot Lyon, de la Asociación Americana de Bibliotecas Teológicas, suele recordarnos lo siguiente, "que algo gratuito no singnifica que no tenga un costo." El acceso a materiales en línea tiene un costo, aunque los únicos costos en términos de dinero sean los que se requieran para estar en línea: la computadora, el teléfono inteligente o el tablet, más el costo de la subscripción para acceder a Internet. La disponibilidad del acceso se está expandiendo cada vez más, pero no es barato ni estable en todas las partes del mundo donde se ofrece educación teológica. Muchos de los materiales teológicos que están disponibles de manera gratuita en línea están libres de derechos de autor, y por lo tanto suelen ser ya antiguos y casi siempre escritos por autores occidentales, predominantemente hombres blancos. En otras palabras, los materiales tal vez no sean relevantes en términos del contexto. Para acceder a los recursos digitales de pago (ATLAS, por ejemplo), deben considerarse la velocidad de la conexión y el costo de la misma para que se puedan descargar los materiales. El innovador material de Tyndale House conocido como STEP (www.stepbible.org) es un recurso en línea con el que se puede acceder de forma gratuita a un software serio de estudio bíblico. Se puede descargar ya sea de Internet (si se tiene una buena conexión) o por medio de una memoria USB que Tyndale House proporciona sin costo.

A medida que las escuelas comienzan a plantearse la incorporación de centros de estudio a distancia u ofrecer todos sus programas de estudio en línea, estos principios y estas preguntas sobre la biblioteca pueden informar y ampliar la conversación.

Preguntas para reflexionar

Melody Mazuk propone cinco principios básicos que nos informan acerca del papel que debe jugar la biblioteca en la educación teológica. Toma un momento para considerar como impactaría cada uno de estos principios a tu escuela y piensa en una o dos respuestas a cada una de las preguntas que se plantean.

1. "Es imposible el exceso de comunicación." ¿Quién es el responsable en tu escuela de comunicar el valor estratégico de la biblioteca y sus necesidades? Menciona una o dos maneras en que se puedan fortalecer las comunicaciones con la biblioteca.

2. "La biblioteca existe para respaldar el currículo" ¿Cuál es la proporción de libros en tu biblioteca que están directamente relacionados con los temas centrales del plan de estudios? ¿Cómo puedes asegurarte de que haya un seguimiento del uso de la biblioteca?

3. "El contexto lo es todo." ¿De qué maneras buscas poner recursos generados localmente y relevantes al alcance de tus estudiantes? ¿Consideras que una biblioteca digital sería una buena opción para tu escuela? ¿Cómo se deciden las prioridades en las adiciones a la biblioteca y en otros gastos para conseguir mayor relevancia a su contexto?

4. "La comunidad importa" ¿Cómo se involucra la facultad docente en la toma de decisiones de la biblioteca? ¿Qué relaciones están construyendo con otras bibliotecas locales o regionales, incluyendo acuerdos bilaterales para su uso?

5. "Estar dispuesto a pedir ayuda." Piensa en quién podría estar disponible localmente o a nivel internacional para ayudar al personal de la biblioteca a desarrollar sus conocimientos.

Basándote en las respuestas a estas preguntas, piensa en dos o tres acciones que piensas debería emprender tu escuela en los próximos dos o tres meses para impulsar la biblioteca y los servicios que esta ofrece a los programas de estudio.

11

Desarrollo del currículo basdo en el impacto: Observaciones prácticas

Scott Cunningham
Presidente interino del Overseas Council EU

E n estas observaciones quisiera esbozar algunos temas relacionados con el desarrollo del seminario bíblico basado en la evaluación del impacto que tienen nuestros egresados en su ministerio.

1. Existen diversas maneras de evaluar un seminario (por medio de la acreditación)

Un atículo escrito por Daniel Aleshire menciona las diferentes formas de acreditación para los seminarios, que generalmente siguen una progresión cronológica:[1]

a) Acreditación basada en recursos (década de 1960): Se centra en la evaluación de los recursos del seminario, esto es, en los insumos.

b) Acreditación basada en la misión (década de 1980): Se hacían la pregunta: ¿Son suficientes las actividades y los insumos para cumplir

---

1. Daniel O. Aleshire, "Fifty Years of Accrediting Theological Schools," *Theological Education* 49, no. 1 (2014).

con la misión de la escuela? Aquí el enfoque ya no recae sobre los insumos, pero tampoco sobre las actividades del seminario.

c) Acreditación basada en la evaluación (década de los 1990s): El seminario debía demostrar hasta qué punto estaba alcanzando sus metas educacionales. En este caso lo central es el producto, en particular el que se manifiesta a través del aprendizaje del estudiante.

Nuestra responsabilidad en esta conferencia es asegurarnos de que la evaluación de un seminario vaya más allá de la simple valoración de los insumos (recursos), las actividades o el producto del seminario. Necesitamos evaluar el resultado y el impacto del seminario como se ve en los graduados. Este enfoque concuerda con lo que al menos una de las agencias pertenecientes al ICETE ya ha incluído es sus prácticas. Los estándares de la Asociación de Educación Teológica Cristiana de África (ACTEA) incluyen lo siguiente: "La institución debe desarrollar también procesos para medir los resultados en términos de los logros reales de sus graduados, y obtener así información fehaciente que le permita evaluar si sus objetivos son apropiados y si su programa de estudios es efectivo."[2]

2. ¿Por qué razón no estamos considerando los resultados y el impacto en la acreditación y en la evaluación de nuestros programas?

Existen razones por las cuales hemos tendido a enfocarnos en los recursos y en lo que hacemos en un seminario en vez de en los resultados de los programas impartidos. Aunque estas razones revelan los desafíos que enfrentamos para evaluar los resultados, no deberíamos considerarlos como obstáculos imposibles de sobrepasar.

a) Es más fácil contar los insumos y las actividades, ya que es información, clara, delimitada y cuantificable. A menudo los resultados (resultado e impacto) no son tan claros, ni tan definidos, y mucho menos cuantificables. ¿Qué es exactamente lo que mediríamos en una iglesia que ahora dirige un egresado para que demuestre el impacto de la formación recibida en el seminario?

---

2. ACTEA, "Standards and Procedures for Accreditation at Post-Secondary Level" (1992).

b) Los indicadores del resultado no están tan claros. ¿Deberíamos tal vez contar el número de personas que asiste a la iglesia del egresado?

c) A veces lleva tiempo para que los resultados se hagan notar. Puede que pasen años hasta que los graduados comiencen a demostrar todo lo que aprendieron en el programa, y aún más tiempo para que se vea la evidencia de su ministerio en las iglesias que ellos lideran.

d) La evaluación del resultado y del impacto consume tiempo y dinero.

e) También existe un problema de control: controlamos lo que ocurre en la institución (los insumos, las actividades, el producto), pero no podemos controlar lo que ocurre una vez que el egresado deja el seminario. Existen factores externos además de la formación recibida por el graduado en el seminario que influyen los resultados. Por ejemplo: la iglesia rural a la que asiste el graduado se ve afectada por la migración masiva por razones económicas y el número de asistentes se reduce de manera drástica.

f) ¿A quién atribuir los resultados? ¿Se puede atribuir el éxito de esta iglesia que lidera el graduado a la formacion que recibió en el seminario? En casi todos los casos, los programas que ofrece el seminario solo influyen parcialmente en los resultados que se aprecian en el ministerio del egresado. Factores externos, sobre los que el programa no ejerce ningún control, influyen en los resultados. Esto es especialmente cierto de los resultados a largo plazo (lo cual nos recuerda también que el cambio en las iglesias bajo el ministerio de un egresado puede llevar algún tiempo). Por lo tanto nos preguntamos: ¿hasta qué punto podemos atribuir los resultados del ministerio de nuestro graduado a la formación recibida en el seminario, o deberían atribuirse a otros factores?

g) Es casi imposible detectar una sola causa a la que atribuir un resultado específico en una iglesia, o en la comunidad que es impactada por la iglesia. Existe un mayor número de relaciones causa-efecto que influyen e interactúan entre sí:

- Tal vez a este estudiante le hubiera ido bien en el ministerio sin importar la formación recibida en el seminario.

- ¿Cómo era la iglesia antes de que llegara este egresado y cómo es ahora? ¿Se puede atribuir el cambio (ya sea positivo o negativo) al ministerio del egresado o existen otros factores?
- Si se puede atribuir el cambio al ministerio del graduado, ¿cuál es exáctamente el aspecto del trabajo del egresado que ha producido este resultado? ¿Qué parte de este puede atribuirse a la formación recibida en el seminario? ¿Y qué parte de su formación en particular ha influido más (qué asignaturas, qué mentores, etc.)?

3. Los resultados deben ser centrales en la evaluación de nuestros programas, y también para el desarrollo de los mismos.

Los programas de los seminarios se deben desarrollar haciendo uso del paradigma del 'diseño inverso.' Lo cual quiere decir que comenzamos con el objetivo final. ¿Qué es lo que queremos lograr? ¿Qué deseamos ver? Desde ese punto de partida, nos preguntamos cuáles son las mejores formas (actividades, y recursos necesarios para las actividades) que hagan posible lograr esos resultados.

a) *Resultados e impacto*: Al diseñar nuestro plan de estudios comenzamos con los resultados que queremos conseguir por medio del programa. Nos centramos en las iglesias y las organizaciones cristianas que nuestros graduados dirigirán e influirán. ¿Cuáles son las características de una iglesia saludable en nuestro contexto?

b) *Productos:* Después nos preguntamos: ¿Qué características debería tener el graduado, que debería saber y qué debería poder hacer para facilitar el crecimiento de una iglesia de estas características?

c) *Actividades:* Después nos preguntamos: ¿Qué tipo de plan de estudios debemos diseñar que forme líderes con estas características? (El currículo bien definido incluye el perfil del que recibe la instrucción, el cómo y el dónde serán instuidos y el quién los instruirá, etc. Incluiría el contenido curricular explícito, el extra curricular, el implícito y el nulo.)

d) *Insumos::* ¿Cuáles son los recursos que necesitamos para ofrecer este plan de estudios? Partir de los 'insumos' es un error, y sin embargo así es como generalmente se diseña el plan de estudios. Es nuestra culpa que a veces diseñemos el currículum partiendo de los insumos: ¿Qué libro de texto tengo que me sirva para enseñar esta materia?

4. ¿Por qué es tan importante el enfoque de la evaluación de resultados?

A pesar de los retos que ello pueda representar, existen algunos motivos por los cuales la evaluación debe transferirse de los recursos y actividades como elementos centrales a los resultados de nuestros programas.

a) *Porque las escuelas ya no son homogéneas.* Cuentan ahora con una mayor diversidad de programas, de objetivos, y de maneras de impartirlos. Por lo tanto, los diversos programas requieren diferentes recursos y actividades. No es un caso de 'talla única' para todos.

b) *Porque las cosas que generalmente medimos no son las que necesariamente producen graduados que generen cambios positivos en la iglesia.* Todos sabemos de egresados que obtuvieron calificaciones sobresalientes, pero como pastores son terribles. Todos sabemos de instituciones que tienen instalaciones maravillosas, bibliotecas, fondos y facultades docentes con sus doctorados, pero que no están produciendo un cambio positivo en las comunidades cristianas (y no solamente por el tipo de teología que imparten).

c) *Porque debemos rendir cuentas a las partes interesadas.* Si podemos demostrar que hemos obtenido resultados, podríamos también obtener también más apoyo de los grupos interesados. Los donadores son cada vez más sofisticados, quieren saber que su contribución está logrando un cambio. Las iglesias quieren saber si pueden enviar a sus miembros a estudiar con la confianza de que el seminario proveerá el tipo de preparación que logrará un cambio en la iglesia y la comunidad. Estudiantes en potencia quieren asegurarse de que el tiempo y dinero que van a invertir en su educación los preparará para lograr cambios que se necesitan a través de sus ministerios. Como encargados de seminarios bíblicos somos mayordomos, y se nos han encomendado los recursos, los estudiantes y la misión de fortalecer a las iglesias.

d) *Porque la evaluación de los resultados es la única base para la optimización.*

- Si no evaluamos los resultados, no podemos saber si estamos logrando lo que profesamos estar persiguiendo. No podríamos diferenciar el éxito del fracaso.
- Si no detectamos el éxito, no podemos impulsarlo.
- Si no lo vemos, no podemos aprender de ello.
- Si no identificamos el fracaso, no podemos corregirlo.

e) *Porque es la única forma de saber si estamos cumpliendo con la misión de la educación teológica y de nuestros seminarios.*

Consideremos aquí las palabras de dos documentos importantes acerca de la educación teológica evangélica:

5. Evaluación contínua: ...debemos reconocer que es no solamente provechoso, sino imprescindible, discernir y evaluar los resultados de nuestros programas para que exista una base válida para juzgar en qué medida se han logrado los objetivos. Esto requiere que se pongan en función medios que permitan la evaluación del desenvolvimiento de nuestros graduados en relación con los objetivos establecidos. (El manifiesto de ICETE para la renovación de la educación teológica evangélica)[3]

La apelación de Chris Wright para que se realice una "auditoría misional" de los seminarios fue incluída en el Compromisio de Ciudad del Cabo:

> Instamos a que las instituciones y los programas de educación teológica realicen una "auditoría misional" de sus planes de estudio, estructuras y espíritu general, para asegurar que realmente respondan a las necesidades y oportunidades que enfrenta la Iglesia en sus respectivas culturas.[4]

---

3. ICETE, "El manifiesto de ICETE para la renovación de la educación teológica evangélica," https://icete.info/wp-content/uploads/2019/04/Manifesto_ICETE_ES.pdf

4. El movimiento de Lausana, "El compromiso de Ciudad del Cabo" (2011), https://www.lausanne.org/es/contenido/compromiso-de-ciudad-del-cabo/compromiso.

Preguntas para reflexionar

1. En el segundo punto Scott enumera las posibles razones por las cuales no nos enfocamos mucho en los resultados y en el impacto cuando se trata de la acreditación y evaluación de nuestros programas.

- Lee la lista punto por punto y en el margen escribe como calificarías cada tema/problema en tu escuela, si (a) importante; (b) evidente pero en menor grado; o (c) no es un problema.
- Comparte tu lista con uno o más miembros de la comunidad de tu escuela. ¿Cuáles son los temas que sobresalen?
- Sugiere al menos una posible estrategia para superar las barreras que impiden que haya mayor interés en los resultados y en el impacto. ¿Qué pasos se podrían tomar en tu escuela hacia una estrategia más saludable para la evaluación?

2. En su tercer punto Scott propone que los resultados y el impacto deberían jugar un papel primordial en el desarrollo de nuestros programas. ¿Hasta qué punto han influido los resultados y el impacto en los programas actuales en tu escuela, o son mayoritariamente el producto de los paradigmas tradicionales de la educación teológica? Explica cuáles son los fundamentos de la evaluación en tu seminario.

3. Para que una institución pueda progresar primero es necesario que exista una visión conjunta con respecto a la evaluación basada en resultados. Reúnete con uno o más miembros de la comunidad de tu escuela y utiliza la lista provista por Scott en el punto 4 como punto de partida para explicarles la razón por la cual la evaluación del impacto es crucial para el compromiso y la productividad de la institución.

12

Una evaluación crítica de la agenda del impacto

Marvin Oxenham
Líder del programa de postgrado en Educación
Teológica, London School of Theology

L a distinción entre diferentes tipos de impacto es un buen punto de partida para realizar una evaluación crítica del programa de impacto en la educación teológica. Por un lado tenemos el impacto instrumental, que podría subdividirse en términos de (a) insumos y producto, (b) impacto en la iglesia y en la sociedad, y (c) el impacto relacionado con las competencias; y por el otro lado, el impacto sobre el valor intrínseco. La consulta C-15 de ICETE trató principalmente con las dos primeras partes del impacto instrumental, pero aquí nos ocuparemos de las dos últimas, enfocándonos primero en el impacto instrumental en cuanto a las competencias para las vidas de los egresados, y después en impacto sobre el valor intrínseco, que nos conduce por una ruta distinta, lejos de fines utilitarios, al afirmar que la educación teológica tiene un valor intrínseco y no se debe medir solamente en términos de su utilidad misiológica.

El impacto por medio de las competencias

Una tendencia cada vez más común en los últimos años ha sido el estudio de las competencias para evaluar si lo que los académicos han ido desarrollando en las escuelas encaja con las expectativas de los empleadores y con aquello que los graduados necesitan en sus futuros campos de trabajo. Aunque existe el riesgo de que las competencias desplacen al conocimiento[1] y la educación se perciba en términos utilitarios,[2] no podemos negar que las realidades tan complejas que los egresados enfrentan hoy día requieren, no solo el conocimiento, sino también las competencias. En las últimas décadas las competencias se han convertido en un concepto decisivo en el área de la educación superior europea, y figuran de forma crucial en los documentos oficiales del Proceso de Boloña.[3]

Un proyecto muy significativo que ha inspirado de forma directa esta propuesta de investigación es el 'Proyecto de afinación 2000' (*2000 Tuning Project*), una consulta a nivel europeo que recoge las respuestas de 7000 personas, de 101 universidades y 16 países, y que incluye a empleadores, graduados y personal/docentes en un esfuerzo por identificar las treinta competencias que todos los programas de licenciatura en todas las áreas de estudio superior deberían desarrollar en el estudiante. En Internet podemos encontrar una lista que enumera estas competencias,[4] y que incluye: la habilidad de trabajar en equipo, el espíritu emprendedor, la habilidad de identificar y resolver problemas, habilidades computacionales básicas y la capacidad de gestionar, para mencionar solo unas pocas.

Hay al menos cuatro ventajas en la evaluación del impacto por competencias. La primera, es que supone otra manera de entender el producto como se manifiesta en la vida de los estudiantes, más allá del conocimiento que normalmente se tiene en cuenta en las calificaciones, la nota media, proyectos de investigación o certificados de titulación. La segunda, es que puede enriquecer la evaluación del producto integrando elementos más sutiles de la educación del carácter. Esto es así porque muchas de las competencias tienen su origen en rasgos específicos del carácter. De este modo se reactiva la antigua tradición de la educación del carácter que ha existido desde la Paideia

---

1. Mulder, Weigel, and Collins, "Concept of Competence," 67–88.

2. Teichler and Kehm, "Towards a New Understanding of the Relationships between Higher Education and Employment," *European Journal of Education* 30, no. 2 (1995): 115–132. JSTOR.

3. Mulder, Weigel, and Collins, "Concept of Competence"; Gonzales and Wagenaar, *Tuning Educational Structures in Europe - Final Report, Phase One*, 2003; Tuning Management Committee, *Tuning Educational Structures in Europe*, 2006.

4. Tuning Management Committee, *Educational Structures in Europe*, "Generic Competences," http://www.unideusto.org/tuningeu/competences/generic.html.

y que se ha ido perdiendo con la acreditación y tiranía del aspecto académico en la educación teológica.

Una tercera ventaja de la evaluación del impacto por competencias es que demuestra nuestro compromiso de escuchar lo que transmite la sociedad a la que profesamos servir. Al evaluar nuestro impacto, debemos preguntarnos si la sociedad está consciente del impacto que buscamos tener o si estamos hablando idiomas diferentes y reflejando valores distintos. El lenguaje de las competencias nos proporciona una nueva perspectiva que viene de tratar teológicamente con las categorias sociales. Si, por ejemplo, la sociedad nos transmite que lo que se necesita son personas competentes en la toma de decisiones, en solucionar problemas o en trabajar en contextos internacionales, podemos demostrar un impacto relevante en la sociedad cuando nuestros graduados, por el contenido educativo que recibieron, son capaces de tomar decisiones, resolver problemas y trabajar en contextos internacionales.

Por último, las competencias son una mejor herramienta para medir nuestro impacto en la sociedad. Una de las principales preguntas que surgen a raíz de la agenda de impacto es "¿Cómo podemos saber si la educación teológica en verdad está impactando a la sociedad?" De hecho, el elemento social es bastante problemático en las metodologías de medición que se han propuesto. La población encuestada puede estar equivocada o condicionada en sus impresiones. La información que indique "una mejora en la sociedad" como resultado de la educación teológica asume que existe un consenso en cuanto a la definición de lo que supone la mejora, y necesita resolver ciertas variables importantes para corroborar que en efecto es la educación teológica la que está generando esta mejoría y no otros factores, y debe considerar también ciertas limitantes y ciertos contextos con efectos debilitantes.

Al asociar el impacto en la iglesia y en la sociedad con la influencia de la educación teológica es posible que estemos aceptando en parte una idea modernista basada en la comprensión mecánica de la realidad. Esto puede llevarnos a asumir (erróneamente tal vez) que si conseguimos hacer un plan de estudios correctamente siempre obtendremos ciertos resultados en la sociedad. Pero en un mundo caído es posible que no sea tan simple. La evaluación de competencias es una herramienta más realista por medio de la cual medimos el impacto de la educación en el individuo y su correspondencia con lo que se necesita en la sociedad en vez de medir su impacto en la sociedad directamente.

Así que, por ejemplo, en una comunidad que necesita gente capaz de generar ideas nuevas y de resolver problemas, tal vez no podamos saber si la capacidad de esa comunidad ha aumentado o si la educación teológica de los graduados ha influido en el proceso, pero podemos evaluar la importancia que se le da a esa capacidad en una comunidad y también hasta que punto la educación teológica está produciendo graduados con esa capacidad. Visto de este modo la evaluación por competencias parece ser un método más sencillo ya que no está atado a la idea de medir el cambio, sino que se conforma con producir planes de estudio y graduados que encajen en términos de las prioridades con las competencias que se necesitan en la sociedad actual. Aunque la evaluación que se limita a medir recursos, insumos y producto no es suficiente, la evaluación del impacto en la sociedad demanda demasiado. La evaluación por competencias es un término medio.

Existen muchas formas de medir el impacto por competencias en la educación teológica, sin embargo es algo que no podemos abarcar en esta sección, en la que les ofrecemos solo tres métodos. El primero es hacer una encuesta cuando los estudiantes se gradúen pidiéndoles que comparen sus competencias al graduarse con las que tenían al comenzar sus estudios; relacionar ambas nos permitirá evaluar si la educación teológica obró un cambio y en qué áreas lo hizo. Un segundo método es hacer una encuesta entre los graduados unos años después de su graduación y preguntarles cuáles fueron las competencias que tenían al terminar sus estudios teológicos en comparación con las que necesitan en la vida real, en la sociedad y en el trabajo. Esto nos dará un diagnóstico acerca de si la educación teológica esté teniendo el impacto deseado. El tercer método, y el más complicado, es el que combina encuestas a graduados, académicos y empleadores para obtener una perspectiva más clara de las competencias más desarrolladas y de las infradesarrolladas, además de comparar las prioridades y percepciones de académicos y empleadores.

Impacto intrínseco, no utilitarista.

En esta segunda sección argumentaré que el impacto instrumental —sin importar cómo este se determine— es un método de medición insuficiente para la educación teológica, y que debemos considerar el impacto intrínseco, donde la interacción con la teología por su propia valor se cuenta como beneficio.

Mencionaré brevemente un debate moderno, seguido de un argumento desde la ética, una fuente primaria de la antigüedad y una fuente primaria moderna, y por último concluiré con la narrativa bíblica.

En primer lugar el debate moderno. Actualmente en el Reino Unido se está dando un debate importante en el sector de la educación superior porque, en 2014, el Marco de Excelencia para la Investigación (*Research Excelence Framework*) —que reparte los fondos para la investigación en la educación superior— incluyó 'el impacto' como un elemento importante dentro de los criterios de su modelo. En pocas palabras, el tipo de investigación que recibirá los fondos y que será clasificada como "excelente" será la investigación que logre un impacto positivo en la sociedad y en la economía. Se han generado debates entorno a la medición tan compleja del impacto real de la investigación, entorno a la discriminación entre las disciplinas, entorno a la poca importancia que se le da al trabajo teórico y de exploración, y entorno a como se prioriza el trabajo de baja calidad sobre el de mejor calidad. Con todo esto quiero decir que la evaluación utilitarista de la educación se debe entender dentro de un debate más amplio y más polémico.

Mi argumento ético busca en la teoría ética la respuesta a la pregunta: ¿qué es lo que hace 'buena' y valiosa la educación teológica? Hay dos teorías que nos ayudarán a encontrar una respuesta: la primera es el utilitarismo, y la segunda la deontología. Una visión utilitarista o instrumental de la educación teológica considera que la educación teológica (como cualquier otro objeto de actividad) tiene un valor en sí mismo. La educación teológica, por lo tanto, es buena si trae beneficios para la sociedad y si hace del mundo un mejor mundo; si tiene como propósito el bien común, el ser útil y el estar a la altura de las circunstancias. Los utilitaristas más ortodoxos incluirían aquí también la felicidad individual, el placer y el bienestar como medidas de 'lo bueno', pero como evangélicos tendemos a distanciarnos de estas ideas y preferimos medidas de carácter misiológico. Por lo tanto, surge la pregunta: ¿es posible que nuestro apego a lo misiológico esté reduciendo nuestra visión de la educación teológica a un conjunto de principios estrictamente utilitaristas? Si consideramos la declaración de la misión de la mayoría de nuestras instituciones veremos que tratan de la transformación de la iglesia y de la sociedad, de propagar el Reino de Dios y de servir y formar líderes. Pero ¿qué estamos diciendo en realidad? ¿Estamos diciendo que lo que tiene valor es solo lo que sirve al mundo y a los demás, y que incluso áreas como la de la formación espiritual que beneficiará a nuestros alumnos mientras estudian son en realidad instrumentales para el beneficio de la iglesia y del mundo? Si este es el caso, entonces parece que la educación teológica ha sido elegantemente mercantilizada para ajustarse al mercado de 'servicios cristianos' donde el producto interior bruto para el Reino (lo misiológico) es el parámetro principal en la evaluación.

Pero algo falta en esta ecuación, algo que se hace evidente si la observamos desde un punto de vista deontológico, que relaciona 'lo bueno' con 'el deber' (la raíz 'deón' y -'ontos' que significa 'lo que es necesario'). Esta perspectiva nos sugiere que la educación teológica es un deber porque es lo correcto, y que por lo tanto es bueno sin tener en cuenta si es de beneficio para la sociedad, si contribuye a mejorar el mundo o si tiene un propósito instrumental. La educación teológica es simplemente una actividad necesaria en este mundo que tiene su fundamento en la ontología y en el vínculo del deber que tienen los seres humanos racionales de espíritu receptivo hacia el Dios que se ha revelado y dado a conocer. Como nos recuerda Kelsey, la educación teológica tiene que ver basicamente con la teología: entender quién es Dios. Entre los elementos que se asumen necesarios para entender quién es Dios —según Kelsey— está el camino de la contemplación, que concibe la realización del ser humano como algo aparte de la vida política o de la contemplación de 'la realidad palpable', y es quizás uno de los elementos que todos afirmaríamos en nuestras instituciones teológicas.[5] La contemplación y el conocimiento de Dios no tienen ningún valor instrumental, sin embargo destacan como deberes esenciales de la criatura hacia el Creador.

El impacto intrínseco —la contemplación y el conocimiento de Dios como deberes esenciales del ser humano— pone en entredicho las jerarquías que existen entre la *theoria* y el conocimiento práctico y productivo. Aquí acudimos a una fuente antigua, Aristóteles, para ser específicos. Muchísimo se podría decir del impacto que ha tenido Aristóteles en la estructura de la educación en Europa. Su *Liceo* se convirtió en el modelo principal de la educación griega y romana, y más tarde en el de las universidades europeas, que asimismo fueron el paradigma a imitar en gran parte de la educación teológica. El plan

---

5. David H. Kelsey, *To Understand God Truly: What's Theological about a Theological School* (Louisville, KY: Westminster/John Knox, 1992), 35.

de estudios en el *Liceo* se organizaba en una sistema jerárquico de disciplinas muy rígido porque Aristóteles dividía el conocimiento en tres ciencias: las *teóricas*, las *prácticas* y las *poiéticas*.[6] De estas, las ciencias *teóricas* eran las de mayor importancia porque tenían que ver con la simple contemplación de la verdad, e incluían la metafísica, la física y las matemáticas (es importante resaltar que la física y las matemáticas se estudiaban sin establecer una relación práctica con la vida, solo como conocimientos puros de una realidad harmoniosa que podía ser contemplada). Las ciencias *prácticas* —la ética y la política— ocupaban el segundo lugar en la jerarquía como saberes que podían guiar el comportamiento humano; y las ciencias *poiéticas* ocupaban el último lugar porque se trataban de los saberes del hacer, e incluían las disciplinas que distaban más de la contemplación y se aproximaban más a las preocupaciones concretas de la vida cotidiana. Esta jerarquía se sostenía sobre la idea de la identidad humana,[7] que según Aristóteles se distinguía por la característica de todo ser humano: su alma racional. Se deduce entonces, que si la facultad racional es lo que distingue al ser humano de los animales, entonces el amor por el conocimiento y la búsqueda de la verdad han de ser las funciones más elevadas de la existencia humana. Este simple silogismo explica porqué el conocimiento teórico ocupaba el puesto de mayor prominencia en el plan de estudios de Aristóteles y porqué el objetivo central de la educación era la contemplación racional y no la acumulación de saberes científicos.[8] Para Aristóteles el estudio no era, por lo tanto, un medio instrumental sino una actividad con un valor intrínseco que redundaba en la *eudaimonía*, la felicidad del ser humano. Según Aristóteles, cuanto más abstraídos hacia el conocimiento teórico-metafísico, más humanos seremos. La búsqueda de la verdad por sí misma, sin otros motivos que nos muevan, es el fin verdadero:

---

6. Trombino, *La Filosofia Greca Arcaica e Classica* (Bologna: Poseidonia, 1997), 336.

7. En el *Protréptico*, el joven Aristóteles presenta una postura antropológica que sería una influencia importante para Cicerón, Agustín y muchos otros pensadores modernos.

8. También Platón priorizó la filosofía (la dialéctica) como área de estudio más elevada, seguida del estudio de las ciencias que conducen a la reflexión y a la posibilidad de un mundo ideal, siendo el entrenamiento del cuerpo el último área de estudio. El orden cronológico era importante para Platón, se comenzaba con el entrenamiento físico en la infancia, seguido de la formación en las ciencias en la adolescencia, y se concluía con la dialéctica. La progresión de un nivel al siguiente dependía de si el alumno sobresalía en carácter, y capacidad para los estudios superiores.

es "aquello que es deseable por sí mismo y no por una razón externa."[9] La educación teórica, según Aristóteles, nos conducirá a la felicidad porque es deseable en sí misma y porque puede considerarse como algo que es su propio "fin sin calificaciones." Si aplicáramos estas ideas a la educación teológica, concluiríamos que conocer a Dios debe considerarse superior a servir a Dios.

Para terminar, consideraremos brevemente una fuente contemporánea que ofrece una taxonomía de los objetivos educativos existentes: *Educating for Shalom* de Nicholas Wolterstorff ('Educando para el Shalom' en español).[10] Aunque la taxonomía no es exclusiva para la educación teológica es fácil relacionarla y observar que, de los séis objetivos, tres pueden clasificarse como instrumentales y tres como intrínsecos. Entre los objetivos instrumentales encontramos el del *modelo de servicio cristiano*, en el que formamos a los estudiantes para servir en entornos o ministerios cristianos; el del *modelo de socialización*, en el que preparamos a los estudiantes (especialmente a los de trasfondos desfavorecidos) para que sean útiles y contribuyan al bienestar de naciones y comunidades, y el del *modelo de Shalom* de Wolterstorff, en el que retamos, nutrimos y preparamos a los estudiantes para aliviar las heridas de la humanidad dentro de la visión profética del shalom. Los tres objetivos que pueden considerarse de carácter instrínseco son el del *modelo cristiano-humanista*, en el que iniciamos a los estudiantes en el legado cultural de la humanidad y les impulsamos a crecer; el del *modelo de maduración*, en el que creamos espacios de libertad para que los estudiantes descubran cosas nuevas y se conviertan en indivíduos libres de adoctrinamiento; y el del *modelo de disciplina académica*, en el que presentamos el conocimiento teórico-objetivo de cómo funciona el mundo al estudiante cumpliendo así un imperativo cultural. Aunque nos falta espacio para profundizar en cada uno de estos modelos o aplicarlos a la educación teológica en particular, la taxonomía misma es evidencia de que el horizonte de la evaluación es más amplio de lo que pueda ofrecer cualquier modelo de medición instrumental.

¿Cuál es nuestra conclusión entonces? ¿Deberíamos considerar cuál de los modelos que ofrece Wolterstorff es el correcto? ¿Es necesario que entremos

---

9. Aristóteles, *Ética nicomáquea*, en B. Jowett, *The Works of Plato & Aristotle – 35 Works* (C&C Web Press, 2009), Book I, 7. Ebook..

10. N. Wolterstorff, *Educating for Shalom: Essays on Christian Higher Education* (Cambridge: Eerdmans, 2004). Kindle.

en conversación con Aristóteles para decidir si la teoría es verdaderamente más elevada que la práctica y el impacto en la sociedad? ¿Deberíamos privilegiar la deontología y el deber de conocer a Dios por encima del servicio utilitario a nuestro prójimo? ¿Debemos entonces ignorar cualquier programa de impacto instrumental en favor de los valores intrínsecos, sin importar el que nos convirtamos en nuestro único referente o nos volvamos irrelevantes para nuestro mundo? La conocida historia bíblica de Marta y María con Jesús en Lucas 10 nos provee de un marco de referencia para estas preguntas. Se nos presenta a dos mujeres, una activa y la otra contemplativa. La una quizás motivada por el impacto instrumental, y la otra por el impacto intrínseco. ¿Cuál de las dos estaba en lo "correcto"? La respuesta es que ambas tenían razón, porque ambas demostraban su amor por el Señor. Aunque la narrativa parece darle más peso a la actitud de María, deberíamos cuidarnos de hacer de esta historia la regla, porque Jesús responde a Marta de ese modo debido a que su queja estaba basada en una jerarquización errónea. Jesús la revierte la paradójicamente para darle importancia a la actitud de María. Sin embargo, no podemos argumentar que la Escritura haga una regla de este tipo de jerarquización (o de cualquier jerarquización, de hecho). Se nos presentan ambas. Dado que la Consulta C-15 de ICETE sobre del impacto de la educación teológica ha sido más bien una conferencia al "estilo Marta," donde nos hemos enfocado en el impacto instrumental, esta ponencia es "estilo María" para recordarnos lo profundo y amplio de nuestros horizontes.

Preguntas para reflexionar

El artículo de Marvin se centra en dos áreas que no han figurado en otros ámbitos del proyecto para la evaluación del impacto: las competencias instrumentales y el valor instrínseco. Estos dos aspectos son importantes de considerar.

1. ¿Cómo podríamos apreciar la complementaridad mutua del aspecto instrumental y del aspecto intrínseco de la educación dentro del ámbito de la educación teológica?

2. Escribe una lista de las competencias que crees son apropiadas para tus planes de estudio en particular. Comparte el contenido de tu lista con los otros miembros de tu comunidad.

3. Considera los medios para la evaluación de competencias que se ofrecen en el último párrafo de la primera sección. De entre estas maneras de hacerlo, ¿cuáles piensas que está haciendo bien tu institución? Sugiere al menos una forma en la que se puedan evaluar más efectivamente las competencias en tus programas.

4. ¿Hasta qué punto y de que forma piensas que los aspectos "intrísecos" se evidencian en la manera en que se concibe la educación teológica en tu escuela? ¿Cómo se genera el *shalom* en tus estudiantes y a través de ellos?

13

Cultura, comunicación e investigación del impacto

Perry Shaw
Profesor de educación, Seminario Bautista Árabe de Teología, El Líbano.

Uno de los aspectos más innovadores del reciente proyecto de evaluación del Overseas Council es la diversidad cultural de los contextos en los que se ha realizado el trabajo. Dado que la investigación se realizó a nivel local por medio de líderes locales, se utilizaron una gran variedad de métodos. Cada método pudo —de forma singular— conseguir información relevante para informar la revisión de los planes de estudio. Esta diversidad sirve para enfatizar un principio importante: si la investigación del impacto ha de ser relevante, deberá revelar características profundas que reflejen su cultura.

A menudo se asume, de forma implícita e inconsciente, que Occidente tiene lo mejor y que el énfasis que muchas organizaciones internacionales occidentales le dan a la medición y a la investigación cuantitativa —en ocasión por su relación con la recaudación de fondos— es lo normativo. Con frecuencia estas organizaciones ofrecen sus servicios y traen sus equipos de investigación occidentales a un contexto no occidental. La extensa colección de datos y resultados numéricos que se generan puede ser aparentemente impresionante, pero en realidad a menudo son irrelevantes porque ciertos factores culturales los han desprendido de su relevancia. Cuando una institución teológica lleva acabo su investigación acerca del impacto, debe escoger los métodos que mejor sirvan para recavar los resultados más relevantes para su contexto.

Communicación de alto contexto alto y de bajo contexto

La clave para entender la relación entre la cultura y el método de investigación es la diferencia fundamental que existe entre las formas de comunicación interpersonales. Aunque hay muchos factores que influyen los patrones de comunicación, es muy útil entender la diferencia entre lo que se conoce como la comunicación de alto contexto (CAC) y la comunicación de bajo contexto (CBC).

Los términos 'alto contexto' y 'bajo contexto' en la comunicación se refieren al grado en que el significado está ligado al contexto mismo, y no solamente a las palabras. En las sociedades de CAC el contexto es lo más importante. Las palabras no se consideran los principales vehículos para la comunicación. Más bien es el contexto dentro del cual se articulan las palabras, y en particular los aspectos no verbales, lo que transmite el mensaje. En las sociedades CBC el contexto tiene menor importancia y el significado lo transmiten principalmente las palabras por sí mismas. En esos contextos, uno dice lo que piensa, y la claridad en la expresión se considera una gran virtud.

La siguiente historia, adaptada de eventos reales, ilustra muy bien la diferencia entre las culturas con comunicación de alto contexto (CAC) —indirecto— y las culturas con comunicación de bajo contexto (CBC).

> En un seminario bíblico de un país occidental había estudiantes de todas partes del mundo. Un año dos jóvenes estudiantes, una de la China (Chen Su) y otra de Holanda (Cornelia), tuvieron que compartir un cuarto. Después de tan solo una semana, ambas estudiantes fueron a hablar con la decano a pedir que las cambiaran de lugar. "Chen Su miente mucho," dijo Cornelia. "Nunca contesta mis preguntas, siempre sonríe y dice que todo está bien a pesar de que sé que hay cosas que hago que le molestan. Yo le digo claramente las cosas que me molestan, pero ella no quiere hacer lo mismo. ¿Por qué no puede simplemente hablar abiertamente y decírmelo?" Por otro lado, Chen Su le dijo a la decana, "Corelia me odia. Todo lo que hago le parece mal, y es tan descortés. Le escucho e intento cambiar, pero eso no le parece suficiente. Cuando le digo que lo que me pide es muy difícil, no se da cuenta que es mi forma de decirle que no. No se lo puedo decir directamente, eso sería agresivo y ofensivo."

Esta historia nos muestra como la gente que proviene de sociedades CAC a menudo considera a sus interlocutores de sociedades CBC como agresivas, insensibles y maleducadas. Gente de sociedades CBC tal vez consideren a sus interlocutores de sociedades CAC como deshonestos o imposibles de entender.

La tabla que sigue muestra algunas de las diferencias mas importantes entre CAC y CBC.[1]

	Comunicación de alto contexto	Comunicación de bajo contexto
Ubicación de la información	La mayor parte de la información se encuentra en el contexto físico o interiorizada en el indivíduo	La mayor parte de la información se encuentra en el código explícito de las palabras articuladas
Cantidad de información	Los interlocutores prefieren proporcionar lo mínimo de información. El interlocutor receptor debe inferir el significado y la intención	Los interlocutores intentan proveer la información que se precisa, ni más ni menos
Opacidad y ambigüedad	Los interlocutores tienden a utilizar la ambigüedad como medio de comunicación	Los interlocutores se esfuerzan por evitar expresiones veladas, la ambigüedad, la verbosidad y la desorganización
Precisión en la información	Tiende a ser imprecisa	Tiende a ser precisa
Tipos de palabras que se usan	Uso de expresiones calificativas como "tal vez," "quizá" y "probablemente"	Uso de expresiones categóricas como "seguro," "completamente" y "absolutamente"
La relación entre la comunicación y los sentimientos	Se espera que los interlocutores se comuniquen de tal modo que se preserve la harmonía de los grupos a los que pertenecen, aunque transmitan mensajes que no refejen sus verdaderos sentimientos.	Se espera que los interlocutores se comuniquen de un modo que refleje sus sentimientos
El silencio	El silencio es un acto comunicativo en vez de una ausencia de comunicación	El silencio es un espacio a llenar
El conflicto	Más propenso a asumir una postura que evite el confrontamiento, una actitud indirecta frente al conflicto	Más propenso al confrontamiento y a una actitud directa frente al conflicto

---

1. Adaptado de W. B. Gudykunst, "Individualistic and Collectivistic Perspectives on Communication", *International Journal of Intercultural Relations* 22, n. 2 (1998): 107–134..

Existen dos tipos de CAC: el complejo y el escueto En sociedades con CAC de tipo complejo (como en Oriente Medio) se habla mucho y gran parte de la conversación está orientada a la validación del otro y a la consolidación de la relación. Por ejemplo, en una situación de conflicto entre dos árabes por del costo de pintar un piso, los primeros cuarenta y cinco minutos de la conversación se invierten del siguiente modo: el dueño le dice y repite a su inquilino las razones por las cuales su familia ha sido la mejor familia de inquilinos que ha alquilado el piso hasta la fecha, y el inquilino le dice y repite al dueño que el ha sido el mejor casero que su familia ha tenido hasta la fecha. Después siguen tres minutos en los que el dueño dice, "Les apreciamos tanto que no tienen que pagar nada por un trabajo que costará $600. Después de todo, somos amigos" y el inquilino le agradece su generosidad. Ambos pasan unos quince minutos bebiendo café y expresando su aprecio el uno por el otro, y ambos entienden que el precio acordado por el trabajo es de $600. Se habla mucho, pero se dicen solo un par de frases a lo largo de todo el encuentro que tansmiten la esencia de lo que se ccomunicó. La comunicación con respecto a la relación que existe entre los interlocutores es más importante que la gestión del negocio a tratar.

Los asiáticos del este, por otro lado, tienen una CAC de tipo escueto: gran parte de la comunicación se efectúa por el modo y la duración de los silencios. Amenudo la persona más influyente en la toma de decisiones es el que menos habla, y la esencia de la comunicación tal vez se transmita con ligero asentimiento de la cabeza de parte del que tiene más poder de decisión en el asunto. En todas las culturas con CAC el lugar es sumamente importante: la persona en cuya casa ocurre la conversación tiene mayor influencia y poder.

Las personas de una sola cultura, tanto de CAC o como de CBC, pueden malinterpretar fácilmente las intenciones y carácter del otro. Consecuentemente he escuchado decir a personas de Occidente que todos los árabes son "mentirosos" porque dicen una cosa cuando en realidad quieren decir otra. Del mismo modo, he escuchado decir a personas árabes que los occidentales son irrespetuosos, arrogantes y ofensivos porque no muestran el debido honor y respeto por los demás, y porque su conversación tan directa daña las relaciones. En cada caso la percepción nace de esa tendencia a juzgar el estilo de comunicación del otro basándonos en el propio.

Dado que Las Escrituras fueron plasmadas en un entorno de CAC —el de Oriente Medio— no debería sorprendernos que predominen los estilos de CAC en la Biblia, como es evidente. Aunque es sorprendente encontrar también la exhortación a una mayor claridad de lo normal en situaciones de CAC: "Pero sea vuestro hablar: Sí, sí; no, no" A pesar de ello, no podemos concluir que la CBC sea más 'bíblica' que la CAC o viceversa. Cada una tiene sus puntos fuertes y sus debilidades que reflejan tanto el carácter de Dios como la evidencia de la caída.

Contexto, comunicación y el uso de la investigación cualitativa y cuantitativa

Con el contraste entre la CBC y la CAC como marco de referencia, resulta evidente porqué el valor y significado de la investigación cuantitativa están limitados en situaciones de CAC, y por lo tanto porqué el mejor método de evaluación del impacto debe ser cualitativo en esencia.

Cuando una persona occidental llega a un contexto oriental, la persona oriental hace todo lo posible por agradar al occidental. Por lo tanto —y especialmente en lo que a encuestas respecta— los resultados numéricos presentarán, de forma inevitable, una impresión muy positiva del programa que se esté evaluando, sin garantía alguna de que ello refleje las opiniones reales de los encuestados. En más de una ocasión he visto como al finalizar sus visitas a Oriente Medio, algunos programas y ministerios occidentales concluyen su evento con una encuesta de evaluación. Los líderes occidentales aceptan los resultados como se les presentan, ignorando las indicaciones y matices que en realidad revelan una evaluación muy negativa.

En general, la investigación cualitativa por medio de entrevistas cara a cara es mucho más efectiva en situaciones de CAC. Debido a que los estilos comunicativos que encontramos en cada contexto cultural son tan específicos, solo podremos conseguir datos relevantes si el tipo de investigación y el proceso mediante el cual se analiza la información son llevados acabo por miembros de la comunidad local.

En el proyecto de evaluación del Overseas Council pudimos corroborar el carácter local de la investigación de calidad. Quizás el contraste más marcado en el proyecto surgió entre el trabajo realizado en Argentina y el que se llevó acabo en Sri Lanka. Dentro de la situación de CBC que se identifica en Argentina, el uso predominante de encuestas cuantitativas fue muy apropiado. Se pudo así generar información estadística que sirvió para dar forma y relevancia a las acciones que se emprenderían a raíz de la consulta. Por el contrario, el entorno cultural de Sri Lanka es de CAC, en particular en las áreas rurales y en las comunidades de tradición predominantemente oral en que sirven la mayoría de los graduados del Seminario Bíblico de Sri Lanka (Lanka Bible College and Seminary, LBCS). En este contexto las encuestas cuantitativas no hubieran tenido relevancia alguna, y ello asumiendo que se pudieran conseguir las respuestas a una encuesta. El LBCS optó, muy prudentemente, por un método cualitativo, y preparó a sus entrevistadores para que visitaran a la personas y realizaran un estudio haciendo uso de preguntas abiertas y flexibles. Los resultados que generaron fueron tan valiosos y significativos como los conseguidos en Argentina, en particular porque la metodología, la implementación y el análisis lo llevaron acabo expertos locales que entendían tanto el carácter de la investigación cualitativa como las realidades contextuales que aplicaban.

También fue notable que las escuelas africanas que participaron en el proyecto a menudo utilizaron un método que implicaba reunir a grupos de personas y permitirles que hablaran en respuesta a preguntas abiertas. Es una forma grupal de llevar acabo investigación cualitativa que es apropiada y significativa para su entorno que es de CAC y muy que tiene un carácter comunitario importante. Así también los resultados del análisis final demostraron ser muy valiosos y tener el discernimiento necesario.

Hacia la comprensión mútua

¿Cómo deberían entonces asegurarse las agencias que apoyan a los seminarios (en su mayoría ubicadas en las culturas CBC de Occidente) de que la rendición de cuentas sea adecuada, y la evaluación de calidad, para guiarse en sus interacciones con escuelas de culturas CAC? Yo pienso que la clave está en encontrar intérpretes culturales; personas que entienden tanto la cultura CBC como la CAC que puedan convertirse en puentes para el entendimiento mutuo entre personas de ambas culturas.

Hace algún tiempo, conversando con otro australiano que ha trabajado en Oriente Medio durante más de treinta años, nos lamentábamos por el fracaso de los equipos interculturales, —a pesar de nuestro deseo creciente de que tales equipos existan en la misión global—. Al hablar nos dimos cuenta de que prácticamente todos los equipos interculturales que funcionaron con éxito tenían como líder a alguien que había vivido en los dos contextos relevantes (o incluso más) por espacio de al menos diez años. Solamente con tiempo puede una persona discernir tanto los puntos fuertes como los débiles en su propia cultura y en otra.

Yo sugeriría que un buen intérprete intercultural requiere también la experiencia de los años en ambas culturas —tanto la CBC como la CAC— para poder ayudar a personas de estos trasfondos a entenderse mutuamente. Este tipo de personas bi-culturales son un recurso importante —para las agencias que financian los proyectos y para los que reciben el apoyo— ya que pueden encontrar formas de hacer investigación o de recavar información que serán sensibles al entorno cultural de cada contexto.

Conclusión

Es evidente que la educación teológica al rededor del mundo se está abriendo, poco a poco, a la cultura de la evaluación. A medida que aumenta la intención de permitir la influencia de la evaluación del impacto en los programas de estudio, es muy importante que las organizaciones occidentales no presenten las metodologías occidentales como lo normativo y otro métodos como inferiores.

El mejor método no es el método occidental. El mejor método será aquel que tome en cuenta los patrones locales en la comunicación y que construya la investigación de acuerdo a estas realidades. Por lo tanto, para que las prácticas de evaluación sean relevantes deben ser generadas, implementadas y analizadas a nivel local. De este modo nos aseguraremos de que los resultados que se obtengan sean valiosos para la obra de Dios a nivel local.

Preguntas para reflexionar

1. ¿En qué medida identificas la realidad de la comunicación de alto contexto o de bajo contexto en el entorno cultural de tu programa educativo? Piensa en uno o dos ejemplos específicos que expliquen y justifiquen tu punto de vista.

2. Menciona una o dos áreas donde las diferencias de perspectiva que tienen su origen en la comunicación de alto o de bajo contexto puedan influir la forma en que debería realizarse la evaluación de impacto en el entorno cultural de tu programa educativo.

14

¿Qué diferencia hacemos nosotros?
La evaluación basada en el impacto

Elizabeth Sendek
Rectora, Fundación Universitaria Seminario Bíblico de Colombia

Históricamente, la misión de las instituciones de educación superior ha sido la adquisición, presevación y diseminación del conocimiento. La generación del conocimiento, concebida como investigación científica, es una adición del siglo XIX. En el siglo XX la misión de las universidades se expandió aún más y estas se convirtieron en centros de educación y descubrimiento, pero también en "mecanismos de crecimiento económico, en faros de justicia social y laboratorios de nuevas formas de aprendizaje." [1] Por medio de esta variedad de funciones las escuelas alcanzaron a una gran diversidad de grupos sociales.

En muchos países, se espera de los colegios y las universidades que justifiquen su relevancia y su efectividad en términos de la contribución que hacen sus graduados al desarrollo económico de la nación. Por lo tanto, en estas instituciones, el análisis de la relación que la educación superior tiene con el mercado económico se ha convertido en un punto importante de sus prioridades. Los esfuerzos para comprender esta relación han llevado a algunas instituciones educativas a instaurar mecanismos con el objetivo de

---

1. "Higher Education: The University Experiment," *Nature: International Weekly Journal of Science* 514 (15 October 2014): 287, accedido el 10 de noviembre de 2015, http://www.nature.com/news/higher-education-the-university-experiment-1.16133.

verificar la calidad de su programa educativo por medio del rendimiento de sus graduados. Los estudios de seguimiento y rastreo se han convertido en algo fundamental para alcanzar este obejtivo. La idea del capital humano influye a estas instituciones, que consideran la educación (tanto formal como informal) como parte de ciertas habilidades provechosas para el mercado, en las cuales los trabajadores invierten con su aumenteo de productividad en el mercado como objetivo. [2]

Un ejemplo de esto es Modelo de Indicadores del Desempeño de la Educación (MIDE) diseñado por las autoridades educativas de Colombia que se introdujo para evaluar a las instituciones, colegios y universidades en 2015. El documento imita el método del ARWU, el 'Ranking Académico de las Universidades del Mundo', conocido como el Ranking de Shanghai. Se evalúan séis dimensiones de la vida de una escuela: los estudiantes, los graduados, la facultad docente, la investigación, la permanencia, el financiamiento del exterior, y la internacionalización. Para cada dimensión se toman en cuenta ciertas variables, por lo que la evaluación completa es de dieciocho factores distintos. Para evaluar el impacto de los graduados, los factores que se consideran son el índice de profesión, el salario inicial, si realizan posgrados, innovación (patentes registradas, producción artística), pertenencia a asociaciones científicas, galardones científicos o profesionales, y si ocupan puestos en organizaciones nacionales e internacionales.

Al examinar los dieciocho factores resulta evidente que ninguno trata la cuestión de la ética, y esto en un país donde en la mayoría de los sectores se considera que el factor más dañino para la economía del país es la corrupción. Esto es muy desconcertante ya que este modelo fue diseñado para una nación donde se han firmado más de diez acuerdos contra la corrupción en cinco años, tanto en el sector público como en el privado, y donde el 94 por ciento de los negocios consideran los sobornos como algo normal, el 24 por ciento admite haber sobornado a algún oficial del gobierno, y el 87 por ciento de la población

---

2. Daron Acemoglu, *Lectures in Labor Economics*, ch. 1, "The Basic Theory of Human Capital," accedido el 30 de octubre de 2015, http://econ.lse.ac.uk/staff/spischke/ec533/Acemoglu%20Autor%20chapter%201.pdf, 3.

piensa que los oficiales del gobierno son corruptos.[3] En un país donde además los CEOs de las compañías privadas —los mayores empleadores de graduados universitarios— han manifestado que la característica principal que buscan en sus nuevos empleados es una postura ética. Esto denota la falta de conexión entre el modelo de evaluación de la educación superior y las realidades y necesidades del contexto en el que se imparte la educación.

Lo cual nos lleva a preguntarnos qué deberíamos cambiar cuando evaluamos la relevancia y la efectividad de la educación teológica formal. Por supuesto que debemos 'hablar el idioma' de la educación formal, pero necesitamos también hablar el lenguaje de la teología; no para satisfacer a dos públicos diferentes transmitiendo dos discursos diferentes, sino para poder comunicar un solo discurso que sea fiel a la doble vocación a la que hemos sido llamados. No solo necesitamos aprender el lenguaje de la evaluación del impacto en lo educativo —con énfasis en el ministerio y en 'el fruto' de nuestros egresados— sino que también debemos 'hablar' ese idioma con un acento teológico muy fuerte.

En la conferencia que tuvo lugar en Antalya descubrimos la lógica detrás de la evaluación del impacto en la educación teológica, la utilidad de los diversos métodos para realizar todo el proceso y de los casos de estudio. Sin embargo todo el lenguaje de la evaluación basada en el impacto de nuestros programas educativos formales nos hace pensar en la necesidad de revisar nuestros estándares de acreditación, en particular cuando se trata de dar seguimiento a nuestros graduados. Los manuales de acreditación de la mayoría de los afiliados a ICETE hacen referencia a la relación que debería existir entre las escuelas y sus egresados en términos de mantener el contacto, de la provisión de lugares para las prácticas ministeriales, el apoyo a la escuela y el apoyo al ministerio del egresado por parte de la escuela. Si después de la conferencia seguimos convencidos de la importancia de identificar el impacto como parte del proceso de evaluación, entonces deberemos formular e incluir criterios que nos permitan tomar en cuenta los resultados en el proceso de acreditación.

---

3. *Pacto por la transparencia en el Día Nacional contra la Corrupción,* El Espectador, August 17, 2015, https://www.elespectador.com/noticias/bogota/pacto-transparencia-el-dia-nacional-contra-corrupcion-articulo-579808. Accedido el 30 de septiembre de 2015.

Para los que dependemos de la acreditación del gobierno en nuestros programas academicos e instituciones, esto significa aprender a expresar la relevancia de nuestra existencia de manera que se pueda apreciar cómo nuestro producto responde a necesidades de la sociedad y como influye para bien. Cuando presentamos uno de nuestros programas de teología del Seminario Bíblico de Colombia a las autoridades Colombianas, estos son los argumentos que utilizamos:

> Estamos conscientes de que este área profesional no responde directamente a una necesidad particular de desarrollo económico en el país. Nuestra misión es contribuir al desarrollo del tejido social de la sociedad. La fe cristiana que profesamos reconoce a la iglesia como un agente importante en la sociedad, un agente que enriquece constantemente el tejido social.
>
> La conducta ética de nuestros graduados, nutrida de su compromiso con la fe, junto con la aquellos que son influídos por medio de su trabajo, debería contribuir al logro uno de los objetivos de gobiernos locales y del gobierno nacional: la reducción de la corrupción. Esta reducción tendrá un impacto directo no solo en la realidad económica del país, sino en todas las dimensiones de la sociedad.

El 'acento' teológico debe ser claramente discernible como señal inconfundible de nuestra identidad. En nuestro 'bilingüismo', las demandas aboslutistas del discurso académico y educativo deben ser reemplazadas por las demandas realmente absolutas de la fe.

La conferencia de Antalya nos recordó, a los educadores evangélicos de teología de todo el mundo, que el impacto en términos del 'proyecto divino' (el marco macro-curricular de nuestra actividad educativa) depende de la fidelidad a la revelación eterna (el contenido central de nuestra enseñanza) que nos revela nuestra incapacidad y genera humildad y dependencia del Todopoderoso, a quien servimos y en cuyo nombre enseñamos.

Quiero proponer aquí, que para determinar la efectividad de nuestros programas educativos, deberíamos darle menos importancia a las opiniones de nuestros graduados o a las expectativas de sus empleadores, congregaciones y vecinos, que a las respuestas que podamos dar a tres preguntas basadas en un juicio de Dios hacia los profesionales de la religión en Israel en los días del profeta Oseas, cuando se habían corrompido al volcarse en funciones totalmente diferentes a la esencia del ministerio:

1. *¿Qué proclaman?* ¿Proclaman la Palabra de Dios en vez de lo que la gente quiere oír (Os. 4:1-4)? Es posible formar a burócratas eclesiales, indivíduos habilidosos en el uso del discurso religioso (que tal vez esconda en realidad una idolaría) pero vacíos de un verdadero conocimiento de Dios.

2. *¿Cuáles son sus objetivos?* ¿Cuales son sus ambiciones? ¿Fama, poder, riquezas... o la gloria de Dios? Parecemos buscar siempre el reconocimiento del trabajo realizado o el reconocimiento en el trabajo que hacemos, en vez de celebrar nuestras debilidades.

3. *¿Cómo es su estilo de vida?* ¿Se les conoce por su corrupción, su abuso de los demás y su inmoralidad, o demuestran un amor genuino por las personas (6:9)?

Los procesos técnicos y las herramientas que se compartieron en la conferencia son útiles. Sin embargo el impacto de lo sagrado requiere de nosotros la preservación obstinada del rol profético de la educación teológica (tanto formal como informal), y el rechazo a diseñar nuestros programas para producir burócratas eclesiales con habilidades monetizables en el mercado: la dotación en la formulación del discurso religioso (que disfraza a la idolatría y esconde la herejía), la innovación y el uso efectivo de técnicas religiosas (pero falto del conocimiento verdadero de Dios y del comportamiento ético que refleja su carácter y su amor). La relevancia e impacto de nuestras escuelas debería evaluarse por cómo nuestra vida y fruto como institución refleja la fidelidad, el amor y el reconocimiento contínuo de quién es Dios (Os. 4:1).

Preguntas para reflexionar

1. Elizabeth Sendek enfatiza que el proceso de evaluación necesita ir a la par con un esfuerzo de reconsiderar la acreditación y hacer los cambios pertinentes. Esto es todo un reto si tenemos que tratar con órganos de acreditación seculares y/o gubernamentales. Elizabeth cita un ejemplo en el que el Seminario Bíblico de Colombia utilizó como argumento su contribución al fortalecimiento del tejido social y a la reducción de la corrupción. Con este ejemplo como modelo,

escribe un breve texto como si estuviera dirigido al ministerio de educación superior de tu país en el que defiendes el valor de tus programas académicos por lo importante de su servicio a la comunidad.

2. Sendek ofrece tres preguntas básicas que debemos tener en cuenta cuando evaluamos la educación teológica entre nuestros egresados: (a) ¿Qué proclaman? (B) ¿Cuáles son sus objetivos? (c) ¿Cómo es su estilo de vida? En relación a estas preguntas, piensa en y explica brevemente algunos procesos con los que pudiéramos:

- evaluar si las respuestas de nuestros graduados a estas preguntas son apropiadas y saludables;
- asegurarnos de que estas preguntas estén moldeando el ethos de nuestras instituciones y la estructura de su currículo.

Epílogo

La hegemonía de la tradición teológica occidental en el mundo mayoritario está siendo desafiada de muchas maneras, tanto en su contenido como en su metodología. Se podría argumentar que no solamente ha limitado al mundo mayoritario evitando el estudio de muchos temas y el uso de sus propios métodos, sino que también ha dejado de ser útil para el mundo occidental. A medida que occidente deja atrás el cristianismo y la mentalidad modernista, y se encamina hacia el post-cristianismo y una mentalidad postmoderna, sus necesidades en el ámbito teológico serán otras.

La estimulación al cambio por medio de las páginas de este libro, que es un recurso para la mayoría de la iglesia, es un avance que debemos celebrar. El tipo de cambio que se promueve aquí llevará a la creación de una educación teológica que es relevante para cada contexto. De este modo pasaremos a una nueva era en la que los seminarios o colegios bíblicos serán diferentes unos de otros; se seguirán beneficiando de la historia y de las conversaciones con la iglesia a nivel global, pero se especializarán en los aspectos específicos para ser más efectivos en la misión.

El que se estén generando estos recursos para la innovación es un primer y emocionante paso en el ámbito de la educación teológica, ya que auguran un mejor nivel de formación entre aquellos que invertirán en este área de su educación al ser equipados para el contexto específico donde habrán de servir.

Dentro de la comunidad de ICETE tenemos la expectativa de que poco a poco los procesos de acreditación irán incluyendo elementos de la investigación basada en el contexto. Algo así generaría un mayor ímpetu en nuestra travesía hacia el cambio, y sin duda fortalecería las capacidades de los seminarios; lo cual, a su vez, reforzaría las capacidades de los graduados, lo cual beneficiaría a las iglesias y fluiría hasta verse reflejado en su actividad misionera y en la bendición de las sociedades donde sirven. Todo esto redundará en la alabanza del Dios Vivo, de quien proceden todos los pueblos y ante quien todos los pueblos deberán rendir cuentas.

Bibliografía

Acemoglu, Daron. *Lectures in Labor Economics*. Chapter 1, "The Basic Theory of Human Capital." Accedido el 30 octubre de 2015. http://econ.lse.ac.uk/staff/spischke/ec533/Acemoglu%20Autor%20chapter%201.pdf.

ACTEA. "Standards and Procedures for Accreditation at Post-Secondary Level." 1992.

Aleshire, Daniel O. "Fifty Years of Accrediting Theological Schools," *Theological Education* 49, no. 1 (2014): 63–80.

Aristóteles. *Ética Nicomáquea*, en Jowett, B. *The Works of Plato & Aristotle – 35 Works*, C&C Web Press, 2009. Book 1. Ebook.

Banks, Robert. *Reenvisioning Theological Education*. Grand Rapids, MI: Eerdmans, 1999.

Beltrán, W. (s.f.). "La expansión pentecostal en Colombia." En Beltrán et al., *El pentecostalismo en Colombia*, 74–93.

Beltrán, W. M., I. N. Cuervo, J. D. López, J. Ravagli, G. M. Reyes, S. Rivers and C. Tejeiro. *El pentecostalismo en Colombia: Prácticas religiosas, liderazgo y participación política*. Bogotá: Centro de Estudios Sociales, 2010.

Borda Carulla, S. "Resocialization of 'Desplazados' in Small Pentecostal Congregations in Bogotá, Colombia." *Refugee Survey Quarterly* 26, no. 2 (2007): 36–46.

Cronshaw, Darren. "Reenvisioning Theological Education and Missional Spirituality." *Journal of Adult Theological Education* 9, no. 1 (2012): 9–27.

Dayton, Donald W. *Theological Roots of Pentecostalism*. Peabody, MA: Hendrickson, 2000.

Demera, J. D. "Ciudad, migración y religión: Etnografía de los recursos identitarios y de la religiosidad de los desplazados en altos de Cazucá." *Theologica Xaveriana* (2007): 303–320.

Edgar, Brian. "The Theology of Theological Education." *Evangelical Review of Theology* 29, no. 3 (2005): 208–217.

Franke, John. *The Character of Theology: An Introduction to Its Nature, Task, and Purpose*. Grand Rapids, MI: Baker Academic, 2005.

Gonzales, G., and R. Wagenaar. *Tuning Educational Structures in Europe – Final Report, Phase One*, 2003. http://www.relint.deusto.es/TUNINGProject/doc_tuning_phase1.asp. Accedidio el 5 de mayo de 2009.

Gudykunst, W. B. "Individualistic and Collectivistic Perspectives on Communication: An Introduction." *International Journal of Intercultural Relations* 22, no. 2 (1998): 107–134.

"Higher Education: The University Experiment." *Nature: International Weekly Journal of Science* 514 (15 October 2014). Accedido el 10 de noviembre de 2015. http://www.nature.com/news/higher-education-the-university-experiment-1.16133.

ICETE, "El manifiesto de ICETE para la renovación de la educación teológica evangélica,"https://icete.info/wp-content/uploads/2019/04/Manifesto_ICETE_ES.pdf

Jaeger, Werner. *Early Christianity and Greek Paideia*. Cambridge, MA: Harvard University Press, 1961.

Kelsey, David H. *Between Athens and Berlin: The Theological Debate*. Grand Rapids, MI: Eerdmans, 1993.

———. *To Understand God Truly: What's Theological about a Theological School*. Louisville, KY: Westminster/John Knox, 1992.

El movimiento de Lausana, "El compromiso de Ciudad del Cabo" (2011), https://www.lausanne.org/es/contenido/compromiso-de-ciudad-del-cabo/compromiso.

Lawson, Lewis A., and Victor A. Kramer, eds. *Conversations with Walker Percy*. Jackson, MS: University Press of Mississippi, 1985.

Lindhardt, M. "La Globalización Pentecostal: Difusión, Apropiación y Orientación Global." *Cultura & Religión* (2011): 117–136.

López, D. *Pentecostalismo y Misión integral*. Lima: Ediciones Puma, 2008.

———. *Pentecostalismo y Transformación social*. Buenos Aires: Ediciones Kairós, 2000.

Mafla, N. "Función de la religión en la vida de las víctimas del desplazamiento forzado en Colombia." PhD diss., Universidad Complutense de Madrid, 2012.

Migliore, Daniel. *Faith Seeking Understanding: An Introduction to Christian Theology*. Grand Rapids, MI: Eerdmans, 2004.

Mulder, M., T. Weigel, and K. Collins. "The Concept of Competence in the Development of Vocational Education and Training in Selected EU Member States: A Critical Analysis." *Journal of Vocational Education and Training* 59, no. 1 (2007): 67–88.

Murray, Stuart. *Church after Christendom*. Bletchley: Paternoster, 2005.

Peterson, Eugene. *Under the Unpredictable Plant: An Exploration in Vocational Holiness*. Grand Rapids, MI: Eerdmans, 1994.

Schleiermacher, Friedrich, and Terrence Tice. *Brief Outline of Theology as a Field of Study: Revised Translation of the 1811 and 1830 Editions*. 3rd edition. Louisville, KY: Westminster John Knox, 2011.

Tarnas, Richard. *The Passion of the Western Mind: Understanding the Ideas That Have Shaped Our World View*. New York: Harmony, 1993.

Teichler, U., and B. Kehm. "Towards a New Understanding of the Relationships between Higher Education and Employment." *European Journal of Education* 30, no. 2, (1995): 115–132. JSTOR.

Trombino, Mario. *La Filosofia Greca Arcaica e Classica*. Bologna: Poseidonia, 1997.

Tuning Management Committee. *Tuning Educational Structures in Europe*, 2006. http://tuning.unideusto.org/tuningeu/images/stories/template/General_Brochure_final_version.pdf. Accedido el 20 de abril de 2007.

Villafañe, E. *El Espíritu liberador: Hacia una ética social pentecostal latinoamericana*. Buenos Aires: Nueva Creacion; Grand Rapids, MI: Eerdmans, 1996.

Wolterstorff, N. *Educating for Shalom: Essays on Christian Higher Education*. Cambridge: Eerdmans, 2004. Kindle.

Recursos

Recomendamos los siguientes libros como ayuda para que los seminarios puedan dar el siguiente paso en la investigación de los resultados y del impacto de sus graduados.

Rupen Das fue el investigador principal del Seminario Bautista Árabe de Teología cuando iniciaron el primer proyecto que se menciona en este libro. Su trabajo, titulado *Conectando el currículo con el contexto* incluye una sección muy útil que provee ejemplos de encuestas que los seminarios pueden adaptar a su propia situación.

Perry Shaw fue el experto en educación de la facultad docente del Seminario Bautista Árabe de Teología responsable de todo el proceso de reconcepción de su plan de estudios. Su libro *La transformación de la educación teológica* ofrece todo un acervo de sugerencias bien fundamentadas para rediseñar el currículo. Su objetivo es el de ayudar a crear métodos, contenidos y resultados educativos que sean más holísticos.

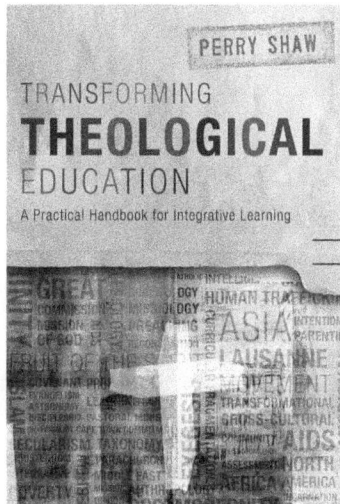

Lista de colaboradores

Stuart Brooking, Dr. , es el director ejecutivo del Overseas Council Australia, el cual trabaja para financiar y animar a las instituciones teológicas en el mundo mayoritario. Es jefe (a tiempo parcial) del departamento de práctica ministerial de la Australian College of Theology.

Jhohan Centeno es profesor en el Seminario Bíblico de Colombia (FUSBC) en Medellín y también supervisa los programas virtuales. Es un ministro ordenado de la Iglesia Cuadrangular. Tiene un máster en educación virtual y actualmente estudia un doctorado en teología.

Ashish Chrispal, Dr., vive en Bangalore, India. Ha servido al Señor Jesucristo como pastor, profesor y director de teología y asesor de educación teológica a través del Overseas Council.

Scott Cunningham, Dr.. La experiencia de Scott como educador de teología comenzó como misionero docente en diversos seminarios nigerianos. Más tarde sirvió en la Association for Christian Theological Education in Africa (ACTEA), apoyando a seminarios en sus procesos de acreditación. Actualmente sirve en el equipo internacional del Overseas Council como Director Ejecutivo.

Rupen Das, Dr., es profesor de investigación en Tyndale University College and Seminary en Toronto y Director Nacional de la Sociedad Bíblica de Canadá. Ha trabajado y enseñado en varios contextos internacionales incluyendo en Ámsterdam y en el Líbano.

Havilah Dharamraj, Dr. (Durham, RU), es Decano académico del South Asia Institute of Advanced Christian Studies, donde enseña Antiguo Testamento. Es una de las editoras y colaboradoras del *South Asia Bible Commentary*.

Elie Haddad es Rector del Arab Baptist Theological Seminary en el Líbano. Tiene experiencia en administración y en el ministerio. Actualmente realiza un doctorado en eclesiología misional.

Robert Heaton, Dr., en la actualidad es Director de Admisiones en el Theological College of Zimbabwe, tras décadas de ministerio en la misma institución, incluído diez años como Director. También ha liderado otros órganos cristianos nacionales como la Unión Bautista.

Melody Mazuk ha servido durante muchos años como bibliotecaria de teología en varios seminarios bíblicos en todo el mundo. Se describe a sí misma como una cristiana global y como bibliotecaria de teología del mundo.

Ray Motsi, Dr., es Rector del Theological College of Zimbabwe. Su trabajo doctoral fue sobre la consolidación de la paz y la transformación de conflictos (*Peace Building and Conflict Transformation*) y ha trabajado en este área en diferentes contextos.

Marvin Oxenham, Dr., es el Secretario General del European Council for Theological Education (ECTE), el órgano acreditador evangélico europeo, y ha trabajado con el Overseas Council. Actualmente lidera el programa de educación teológica en la London School of Theology.

A. N. Lal Senanayake, Dr., es el Director del Lanka Bible College and Seminary en Sri Lanka. Antes de unirse al «LBCS» de tiempo completo en 1993, fue pastor por más de quince años. Lal también es parte del consejo editorial de *InSight Journal for Global Theological Education*.

Elizabeth Sendek es Rectora del Seminario Bíblico de Colombia (Fundación Universitaria Seminario Bíblico de Colombia). Forma parte de Global Associates for Transformational Education (GATE).

Perry Shaw, Dr., es profesor de educación en el Arab Baptist Theological Seminary en Beirut, Líbano, y autor de "Transformando la educación teológica" (*Transforming Theological Education*). Perry y su familia sirven al Señor en Medio Oriente desde 1990.

Christopher Wright, Dr. (Cambridge, RU), es el Director Internacional de Langham Partnership y autor de numerosos libros sobre misiones y Antiguo Testamento. Anteriormente fue docente del Union Biblical Seminary en Pune, India, y en All Nations Christian College en Ware, Inglaterra.

ICETE es una comunidad global, patrocinada por nueve redes regionales de instituciones teológicas, dedicada a fomentar la interacción y colaboración internacional entre todos aquellos que intervienen en el fortalecimiento y el desarrollo de la educación teológica evangélica y del liderazgo cristiano alrededor del mundo.

El propósito de ICETE es:

1. Promover el mejoramiento de la educación teológica evangélica alrededor del mundo.
2. Servir como foro para la interacción, asociación y colaboración entre quienes intervienen en la educación teológica evangélica y en el desarrollo de liderazgo evangélico, para su mutua asistencia, estimulación y enriquecimiento.
3. Ofrecer servicios de apoyo y asesoramiento para asociaciones regionales de instituciones evangélicas de educación teológica alrededor del mundo.
4. Facilitar, para las redes regionales, la promoción de sus servicios entre las instituciones evangélicas de educación teológica dentro de sus regiones.

Las asociaciones patrocinadoras incluyen:

África: Association for Christian Theological Education in Africa (ACTEA)

Asia: Asia Theological Association (ATA)

Caribe: Caribbean Evangelical Theological Association (CETA)

Europa: European Evangelical Accrediting Association (EEAA)

Euro-Asia: Euro-Asian Accrediting Association (E-AAA)

América Latina: Asociación Evangélica de Educación Teológica en América Latina (AETAL)

Medio Oriente y Norte de África: Middle East Association for Theological Education (MEATE)

América del Norte: Association for Biblical Higher Education (ABHE)

Pacífic-Sur: South Pacific Association of Evangelical Colleges (SPAEC)

www.icete-edu.org

Langham Literature y sus sellos editoriales son parte del ministerio de
Langham Partnership.

Langham Partnership es un comunidad global que trabaja para actualizar la visión que el Señor confió a su fundador John Stott – la visión de

facilitar el crecimiento de la iglesia en madurez y en semejanza al carácter de Cristo por medio de la mejora de los estándares de la predicación y la enseñanza bíblicas.

Nuestra visión es que las iglesias del mundo mayoritario sean equipadas para la misión y crezcan hacia la madurez en Cristo por medio del ministerio de pastores y líderes que creen, enseñan y viven de acuerdo a la Palabra de Dios.

Nuestra misión es fortalecer el ministerio de la Palabra de Dios:
- fortaleciendo movimientos nacionales de predicación bíblica
- favoreciendo la creación y distribución de literatura evangélica
- elevando el nivel de la educación teológica evangélica, especialmente en países donde las iglesias carecen de recursos.

Nuestro ministerio

Langham Preaching se asocia con líderes nacionales que estimulan movimientos locales de predicación bíblica para pastores y predicadores laicos en el mundo entero. Con el apoyo de un equipo de capacitadores provenientes de diversos países, se desarrolla un programa de talleres a diversos niveles que proveen capacitación práctica, seguido de un programa que busca formar facilitadores locales. Los grupos locales de predicación (escuelas de expositores), que son redes nacionales y regionales, se encargan de dar continuidad a los programas y de impulsar su desarrollo con el fin de construir un movimiento sólido y comprometido con la exposición bíblica.

Langham Literature provee a los pastores, académicos y seminarios del mundo mayoritario libros evangélicos y recursos electrónicos mediante su publicación y distribución, y por medio de becas y descuentos. El programa también auspicia la producción de literatura evangélica autóctona en diversos idiomas mediante becas para escritores, con apoyos para casas editoriales evangélicas, y por medio de la inversión en proyectos importantes de literatura en las regiones, como por ejemplo los comentarios bíblicos a un solo volumen como el *Africa Bible Commentary* (Comentario Bíblico Africano) y el *South Asia Bible Commentary* (Comentario Bíblico del Sureste Asiático).

Langham Scholars provee respaldo económico para estudiantes evangélicos del mundo mayoritario a nivel doctorado, de modo que, cuando regresen a su país de origen, puedan formar a pastores y a otros líderes cristianos por medio de la enseñanza bíblica y teológica. Este programa forma a los que más adelante formarán a otros. Langham Scholars también trabaja en colaboración con seminarios del mundo mayoritario para fortalecer la educación teológica evangélica. Un número creciente de becados de Langham estudia programas doctorales de alta calidad en instituciones del mundo mayoritario. Además de enseñar a una nueva generación de pastores, los graduados del programa de becas Langham ejercen una influencia considerable a través de sus escritos y su liderazgo.

Para conocer más acerca de Langham Partnership y el trabajo que realizamos visita **langham.org**

www.ingramcontent.com/pod-product-compliance
Lightning Source LLC
Chambersburg PA
CBHW070040100426
42740CB00013B/2743